Felicidad

SERIE INTELIGENCIA EMOCIONAL DE HBR

Serie Inteligencia Emocional de HBR

Cómo ser más humano en el entorno profesional

Esta serie sobre inteligencia emocional, extraída de artículos de la *Harvard Business Review*, presenta textos cuidadosamente seleccionados sobre los aspectos humanos de la vida laboral y profesional. Estas lecturas, estimulantes y prácticas, ayudan a conseguir el bienestar emocional en el trabajo.

Empatía
Felicidad
Mindfulness
Resiliencia
El auténtico liderazgo
Influencia y persuasión
Cómo tratar con gente difícil
Liderazgo (Leadership Presence)
Propósito, sentido y pasión
Autoconciencia
Focus
Saber escuchar

Otro libro sobre inteligencia emocional de la
Harvard Business Review:

Guía HBR: Inteligencia Emocional

Felicidad

SERIE INTELIGENCIA EMOCIONAL DE HBR

Reverté Management
Barcelona · México

Harvard Business Review Press
Boston, Massachusetts

Original work copyright © 2017 Harvard Business School Publishing Corporation
Published by arrangement with Harvard Business Review Press

© Harvard Business School Publishing Corporation, 2017
All rights reserved.

© **Editorial Reverté, S. A., 2018, 2019, 2020**
Loreto 13-15, Local B. 08029 Barcelona – España
revertemanagement@reverte.com

4.ª reimpresión: enero 2020

Edición en papel
ISBN: 978-84-946066-5-6

Edición ebook
ISBN: 978-84-291-9408-1 (Epub)
ISBN: 978-84-291-9475-3 (PDF)

© Begoña Merino Gómez, 2017, por la traducción

Editores: Ariela Rodríguez / Ramón Reverté
Coordinación editorial: Julio Bueno
Maquetación: Reverté-Aguilar, S.L.
Revisión de textos: Mariló Caballer Gil

Impreso en España – *Printed in Spain*
Depósito legal: B 2717-2018

Impresión: Liberdúplex, S.L.U.
Barcelona – España

1460

Contenidos

Contenidos

Felicidad

SERIE INTELIGENCIA EMOCIONAL DE HBR

1

La felicidad no es la ausencia de sentimientos negativos

Jennifer Moss

A muchas personas, la felicidad nos parece intolerablemente escurridiza. Como la niebla, puedes verla a lo lejos, densa y llena de formas. Pero a medida que te acercas, sus partículas se separan y de repente parece inalcanzable, aunque te rodee por todas partes.

Vivimos persiguiendo la felicidad pero, si te paras a pensar un minuto, «perseguir» es buscar algo sin garantías de alcanzarlo.

Hasta hace seis años, estuve persiguiendo la felicidad con fervor y sin obtener resultados. Mi marido, Jim, y yo vivíamos en San José (California), con nuestro hijo, que entonces tenía 2 años, y estábamos esperando otro hijo.

Aparentemente, nuestra vida era de color de rosa. Y, a pesar de ello, yo no estaba alegre. Además, me sentía totalmente culpable por mi tristeza: mis problemas eran vergonzosamente triviales. Luego, en septiembre de 2009, mi mundo se vino abajo. Jim se puso muy enfermo. Le diagnosticaron gripe A (H1N1) y virus del Nilo Occidental, y más tarde, como consecuencia de un sistema inmunitario debilitado, el síndrome de Guillain-Barré.

A Jim nunca le preocupó la muerte. A mí sí.

Cuando nos dijeron que su enfermedad estaba remitiendo, que él ganaría la batalla, nos tranquilizamos. Cuando nos dijeron que Jim no caminaría durante un tiempo, seguramente durante un año, tal vez más tiempo, nos asustamos. Sabíamos que ese pronóstico significaba el final de su carrera como jugador profesional de lacrosse. Lo que no sabíamos era cómo íbamos a pagar las facturas médicas, ni qué energía tendría él para ejercer de padre.

Faltaban diez semanas para que naciera nuestro segundo hijo; por lo tanto, yo tenía muy poco tiempo para pensar y reaccionar. Por otro lado, Jim «solo» tenía tiempo. Tanto en la vida como en el campo de juego, él estaba acostumbrado a moverse a gran velocidad; así que, en el hospital, los minutos le parecían horas. Lo mantenían ocupado con fisioterapia y terapia ocupacional, pero también necesitaba apoyo psicológico. Publicó una entrada en sus redes sociales pidiendo sugerencias de lecturas que le ayudaran a recuperarse mentalmente. Y las sugerencias llegaron. Jim recibió libros y grabaciones de audio con notas diciéndole cuánto le ayudarían, por muy difícil que fuera el obstáculo que debía superar.

Pasaba los días leyendo libros de autoayuda de Tony Robbins y de Oprah o viendo charlas TED, como la de Jill Bolte Taylor, *Un ataque de lucidez*, sobre los efectos de un traumatismo craneal. Analizaba los libros espirituales de Deepak Chopra y del Dalai Lama. O repasaba los artículos de investigaciones sobre la felicidad y la gratitud escritos por expertos como Martin Seligman, Shawn Achor, Sonja Lyubomirsky y muchos otros.

En todos estos textos había un tema que se repetía: la gratitud. La gratitud se entremezclaba con la ciencia, las historias reales y los motores del éxito.

Jim respondió iniciando su propio diario de gratitud. Mostró mucho, muchísimo, agradecimiento hacia las personas que le cambiaban las sábanas, hacia los familiares que le traían cenas calientes. Mostraba agradecimiento hacia aquella enfermera que lo animaba, y por la atención suplementaria, de su propio tiempo, que le prestaba el equipo de rehabilitación. Una vez, ellos le contaron que le dedicaban ese tiempo extra solo porque sabían el agradecimiento que Jim sentía hacia los esfuerzos del equipo.

Mi marido me pidió que participara en esa idea. Viendo lo difícil que le resultaba, mi deseo de ayudarle y de que se recuperara era tan intenso que puse todo mi empeño en ser positiva cuando me introduje en su mundo, dentro de la habitación del hospital. No siempre lo hice de la mejor manera. A veces me molestaba el no poder romper a llorar, pero después de un tiempo empecé a ver con qué rapidez se recuperaba.

Y, aunque nuestros caminos no eran afines, estábamos consiguiendo que funcionara. Yo estaba «dejándome convencer».

Estaba muy asustada, pero cuando Jim salió del hospital con muletas (se negó rotundamente a usar la silla de ruedas), solo seis semanas después de que una ambulancia lo llevase a toda prisa a urgencias, decidimos que su recuperación se debía a algo más que a la mera suerte. Uno de los primeros libros que influyeron en Jim fue *Florecer*, de Martin Seligman. Psicólogo y antiguo presidente de la Asociación Americana de Psicología, Seligman fue quien acuñó el término PERMA (de los conceptos en inglés *positive, engagement, relationships, meaning* y *achivement*), que dio lugar a muchos proyectos de investigación de psicología positiva en todo el mundo. El acrónimo recoge los cinco elementos esenciales para una satisfacción duradera:

- *Emociones positivas:* en esta categoría están la paz, el agradecimiento, la satisfacción, el placer, la inspiración, la esperanza, la curiosidad y el amor.

- *Compromiso:* estar absortos en una tarea o proyecto nos da la sensación de que el tiempo se esfuma porque estamos comprometidos al cien por cien.

- *Relaciones:* las personas que mantienen relaciones positivas significativas con los demás son más felices.

- *Sentido*: viene de ponerse al servicio de una causa más grande que nosotros mismos. Tanto si es una religión como un proyecto que ayuda a la humanidad de algún modo, todos necesitamos que nuestras vidas tengan un sentido.

- *Logros*: para sentir una satisfacción vital importante debemos esforzarnos por mejorarnos a nosotros mismos.

Poco a poco, incorporamos estos cinco principios en nuestra vida. Jim regresó a la Wilfrid Laurier University en Ontario para investigar en el campo de la neurociencia, y rápidamente pusimos en marcha el Plasticity Labs para formar a gente que pudiera enseñar lo que habíamos aprendido sobre la búsqueda de la felicidad. A medida que nuestras vidas incorporaron más empatía, agradecimiento y sentido, dejé de sentirme triste.

Así que, cuando alguien muestra escepticismo hacia el movimiento de la psicología positiva, me lo tomo como algo personal. ¿Tienen esos críticos un problema con la gratitud? ¿Con las relaciones? ¿Con el sentido? ¿Con la esperanza?

Quizás parte del problema sea que nuestra «cultura pop» y los medios de comunicación simplifican demasiado la felicidad, lo que hace que sea fácil descartarla por falta de pruebas. Tal como me escribió en un correo electrónico Vanessa Buote, una investigadora posdoctoral en psicología social:

Un concepto erróneo de la felicidad es pensar que consiste en estar alegre, de buen humor y contento todo el tiempo, siempre con una sonrisa en la cara. No es así; ser feliz y llevar una vida plena consiste en asumir lo bueno y lo malo, y en aprender a reformular lo malo. De hecho, en el reciente [artículo en el Journal of Experimental Psicology*], «Emodiversity and Emotional Ecosystem», del investigador de Harvard Jordi Quoidbach, se revela que el hecho de sentir una amplia variedad de emociones, tanto positivas como negativas, guarda relación con un estado mental positivo y con el bienestar físico.*

No solo tendemos a malinterpretar lo que es la felicidad, sino que también la buscamos de forma equivocada. Shawn Achor, investigador y formador corporativo que escribió el artículo de HBR «Inteligencia positiva», me explicó que la mayoría de las personas pensamos en la felicidad de forma equivocada: «El mayor equívoco de la industria de la felicidad es que se considera un fin, no un sentido. Pensamos que, si tenemos lo que deseamos, seremos felices. Pero resulta que nuestros cerebros en realidad funcionan en la dirección opuesta».

Buotes coincide: «Algunas veces tendemos a ver el "ser felices" como el objetivo final, pero nos olvidamos de que lo realmente importante es el viaje; descubrir qué nos hace felices y comprometernos con esas actividades de forma habitual nos ayudará a llevar una vida más satisfactoria».

En otras palabras, no somos felices mientras perseguimos la felicidad. Somos más felices cuando no pensamos en ello, cuando disfrutamos el momento presente porque estamos entregados totalmente a un proyecto que tiene sentido para nosotros, trabajando para alcanzar un objetivo importante o ayudando a alguien que nos necesita.

Una positividad sana no significa ocultar tus auténticos sentimientos. La felicidad no es la ausencia de sufrimiento: es la capacidad para resurgir de él. Y la felicidad no es lo mismo que la alegría o el éxtasis; la felicidad incluye la satisfacción, el bienestar y la flexibilidad emocional que nos permitan sentir un repertorio completo de emociones. En nuestra compañía, algunos de nosotros hemos tenido que afrontar la ansiedad y la depresión. Algunos hemos sufrido un trastorno por estrés postraumático. Algunos hemos sido testigos de enfermedades mentales graves en nuestras familias, y otros no. Compartimos todo ello con una actitud abierta. O no, cualquiera de las dos opciones es válida. En la oficina, si la situación lo requiere, aceptamos las lágrimas, tanto las de pena como las de risa.

Algunas personas, quizás buscando una nueva perspectiva, han llegado a decir que la felicidad es perjudicial (ver, por ejemplo, los dos últimos artículos de este libro). Pero el objetivo de practicar ejercicios para ayudar a incrementar la salud mental y emocional no es aprender a lucir una sonrisa las 24 horas del día o a desear que tus problemas se esfumen. Es aprender a manejar lo que te estresa con más resiliencia mediante entrenamiento, igual que te entrenarías para correr un maratón.

Durante el tiempo que estuve con Jim en el hospital, vi cómo iba cambiando. Al principio, ocurría sutilmente, pero de repente me di cuenta de que la práctica de la gratitud y la felicidad que comporta me había traído un regalo: me había devuelto a Jim. Si eso quiere decir que la felicidad es nociva, entonces yo digo que «voy a por ella».

JENNIFER MOSS es cofundadora y directora de comunicación de Plasticity Labs.

Adaptado del contenido publicado en hbr.org
el 20 de agosto de 2015 (producto #H02AEB).

2

Ser feliz en el trabajo importa

Annie McKee

La gente solía creer que, para triunfar, no tenías que ser feliz en el trabajo. Que tampoco hacía falta que te gustara la gente con la que trabajabas, o incluso que no hacía falta compartir valores con ellos. «El trabajo no es la persona», era la idea. Una patraña.

Mi investigación en docenas de compañías y con cientos de personas, además de la investigación de neurocientíficos como Richard Davidson y V. S. Ramachandran y académicos como Shawn Achor, señalan cada vez más un hecho simple: las personas felices son mejores trabajadores. Quienes están comprometidos con sus empleos y sus compañeros trabajan más, y de forma más inteligente.

Y, aun así, un alarmante número de personas no se sienten implicadas en su trabajo. Según un desalentador informe de 2013 realizado por Gallup, solo el 30% de la fuerza laboral en Estados Unidos está comprometida con su empleo. Esto refleja lo que he visto en mi trabajo: no muchas personas están realmente «comprometidas emocional e intelectualmente» con sus empresas.[1] A demasiada gente no le importa lo más mínimo qué pasa a su alrededor. Para ellos, el miércoles es la cima de la curva semanal, y solo trabajan para llegar al viernes. Y en el otro extremo de la curva en forma de campana, casi uno de cada cinco empleados está «activamente desactivado», según el mismo informe. Son personas que sabotean proyectos, que traicionan a sus compañeros y que suelen causar estragos en su lugar de trabajo.

El informe de Gallup también indica que la implicación de los empleados ha permanecido invariable a través de los años, a pesar de los altibajos económicos. Es preocupante: no estamos comprometidos con nuestro trabajo y no lo hemos estado desde hace mucho tiempo.

No es divertido trabajar con personas indiferentes e infelices, y tampoco añade mucho valor; ello repercute en nuestras empresas (y en nuestra economía) de forma tremendamente negativa. Incluso es peor cuando son los líderes los que no se sienten comprometidos, porque esta actitud se transmite a los demás. Sus emociones y su mentalidad afectan tremendamente al estado de ánimo y el rendimiento de los otros. Después de todo, la manera en que nos sentimos está relacionada con qué y cómo pensamos. Dicho de otro modo: los pensamientos influyen en las emociones, y las emociones influyen en los pensamientos.[2]

Ya es hora de romper el mito de que los sentimientos no importan en el trabajo. La ciencia está de nuestra parte: hay una relación neurológica clara entre los sentimientos, los pensamientos y las acciones.[3] Si estamos dominados por emociones negativas intensas, es como si llevásemos una venda en los ojos. Nos centramos mayoritariamente (solo algunas veces) en la fuente del dolor. No procesamos bien la información, ni pensamos creativamente, ni tomamos buenas decisiones. La frustración, la ira y el estrés hacen que una importante parte de nosotros se cierre, la parte que piensa y se implica.[4] La indiferencia es una respuesta neurológica y psicológica natural ante emociones negativas persistentes.

Pero no solo hemos de tener en cuenta las emociones negativas. Las emociones positivas extremadamente intensas pueden causar el mismo efecto.[5] Algunos estudios muestran que una felicidad excesiva puede hacernos menos creativos y proclives a adoptar conductas más arriesgadas (piensa en cómo actuamos cuando nos enamoramos). En el ámbito laboral he visto a grupos de personas caer en un progresivo estado de excitación en reuniones de ventas y encuentros de motivación empresarial. Esas reuniones producen poca innovación y menos aprendizaje. Añádeles bastante alcohol, y ya tienes un buen cóctel de problemas.

Si estamos de acuerdo en que nuestros estados emocionales en el trabajo importan, ¿qué podemos hacer para aumentar el compromiso y mejorar el rendimiento?

Durante los últimos años, mi equipo en Teleos Leadership Institute y yo misma hemos estudiado docenas de organizaciones y entrevistado a miles de personas. Los primeros hallazgos sobre la relación entre los sentimientos y el compromiso de la gente son fascinantes. Existen claras similitudes entre lo que la gente dice que quiere y necesita, no importa de dónde vengan, para quién trabajen o en qué sector estén. A menudo, damos por sentado que son enormes las diferencias entre las distintas industrias y en todo el mundo, pero los resultados de las investigaciones contradicen esta suposición.

Para estar totalmente implicado y feliz, prácticamente todo el mundo dice que necesita tres cosas:

1. *Una visión del futuro con sentido.* Cuando la gente habló con nuestro equipo de investigación sobre aquello que funcionaba y no funcionaba en sus empresas y sobre lo que más les había ayudado y les había estorbado, hablaron de la visión. Las personas quieren poder ver el

futuro y saber cuál es su papel en él. A partir de nuestro trabajo con el experto en conducta organizacional Richard Boyatzis, aprendimos algo acerca del cambio intencional: las personas aprenden y cambian cuando tienen una visión personal que está vinculada a la visión de la organización.[6] Tristemente, demasiados líderes no trazan una visión muy atractiva del futuro, ni intentan asociarla a las visiones personales de la gente y no se comunican bien. Como resultado, pierden a la gente.

2. *Un sentido de propósito.* Las personas quieren sentir que su trabajo importa, que sus contribuciones ayudan a alcanzar algo realmente importante. Y, excepto para quienes están en lo más alto, el valor de las acciones no es un objetivo realmente significativo que les inquiete y despierte su implicación. Quieren saber que ellos y sus empresas están haciendo algo grande que es importante para otras personas.

3. *Unas buenas relaciones.* Sabemos que, cuando las personas entran en una nueva empresa, dejan a su antiguo jefe.[7] Una relación discordante con el superior inmediato es sumamente dolorosa. Y lo mismo sucede en las relaciones con los compañeros de trabajo. Distintos líderes, jefes y empleados nos han contado que las relaciones cercanas, de apoyo y confianza son tremendamente importantes para su estado mental y para su voluntad de contribuir a un equipo.

Además, la ciencia del cerebro y la investigación organizacional están, de hecho, desmontando los viejos mitos. Las emociones son muy importantes en el área de trabajo. Para estar totalmente comprometidos, necesitamos una visión, un sentido, un propósito y unas relaciones sólidas. Depende de nosotros, como individuos, el encontrar formas de vivir nuestros propios valores en el trabajo y construir relaciones fuertes. Y depende de los líderes el crear un entorno donde las personas puedan desarrollarse. Es sencillo y es práctico: si quieres una fuerza laboral implicada, presta atención a cómo creas una visión, asocias el trabajo de las personas al mayor propósito de tu empresa y recompensas a los individuos que conectan con los demás.

ANNIE MCKEE es miembro sénior de la Universidad de Pensilvania, directora del programa doctoral ejecutivo PennCLO y fundadora del Teleos Leadership Institute. Es coautora, junto con David Goleman y Richard Boyatzis, de *El líder resonante crea más* y de *Becoming a Resonant Leader*. Las ideas de este artículo se encuentran ampliadas en el último libro de McKee, *How to Be Happy at Work*, que publicará Harvard Business Review Press.

Notas

1. A. K. Goel et al. «Measuring the Level of Employee Engagement: A Study from the Indian Automobile Sector». *International Journal of Indian Culture and Business Management* 6, n.º 1 (2013): 5-21.
2. J. Lite. «*MIND* Reviews: *The* Emotional Life of Your Brain,» *Scientific American MIND*, 1 de julio, 2012. www.scientificamerican.com/article/mind -reviews -the-emotional-life-of.

3. D. Goleman. *Destructive Emotions: A Scientific Dialogue with the Dalai Lama* (New York: Bantam, 2004).

4. D. Goleman et al. *Primal Leadership: Unleashing the Power of Emotional Intelligence* (Boston: *Harvard Business Review* Press, 2013).

5. J. Gruber. «Four Ways Happiness Can Hurt You», *Greater Good*, 3 de mayo, 2012. http://greatergood.berkeley.edu/article/item/four_ways_happiness_can_hurt_you.

6. R. E. Boyatzis and C. Soler. «Vision, Leadership, and Emotional Intelligence Transforming Family Business», *Journal of Family Business Management* 2, n.º 1 (2012) 23-30; y A. McKee et al., *Becoming a Resonant Leader: Develop Your Emotional Intelligence, Renew Your Relationships, Sustain Your Effectiveness* (Boston: *Harvard Business Review* Press, 2008). http://www.amazon.com/Becoming-Resonant-Leader-Relationships-Effectiveness/dp/1422117340.

7. «How Managers Trump Companies», *Gallup Business Journal*, 12 de agosto, 1999. http://businessjournal.gallup.com/content/523/how-managers-trump-companies.aspx.

Adaptado del contenido publicado en hbr.org
el 14 de noviembre de 2014 (producto #H012CE).

3

La ciencia detrás de la sonrisa

Gardiner Morse entrevista a Daniel Gilbert

El profesor de psicología de Harvard Daniel Gilbert es muy conocido por su libro superventas publicado en 2006, *Tropezar con la felicidad*. Su trabajo muestra, entre otras cosas, los errores sistemáticos que todos cometemos cuando imaginamos qué felices (o desgraciados) vamos a ser. En esta entrevista realizada por Gardiner Morse, Gilbert presenta una visión general de la investigación sobre la felicidad y explora cuáles son sus límites.

HBR: *¿Por qué la investigación sobre la felicidad se ha convertido en un tema de moda en los últimos veinte años?*

Gilbert: Hace muy poco que nos hemos dado cuenta de que podíamos armonizar uno de los interrogantes más antiguos de la humanidad, «¿cuál es la naturaleza de la felicidad humana?», con nuestra más reciente forma de responder a las preguntas: la ciencia. Hasta hace unas pocas décadas, el problema de la felicidad estaba en manos de los filósofos y los poetas.

Los psicólogos siempre han estado interesados en las emociones, pero en las últimas dos décadas ha habido un florecimiento de su estudio, y una de las emociones que han estudiado con más interés es la felicidad. Recientemente, economistas y neurocientíficos se han unido a este interés. Todas estas disciplinas tienen intereses distintos pero con puntos en común: los psicólogos quieren entender lo que siente la gente, los economistas quieren descubrir lo que la gente valora y los neurocientíficos quieren saber a qué recompensas responde el cerebro de las personas. Con estas tres disciplinas distintas estudiando un mismo tema, la cuestión de la felicidad se ha puesto sobre el mapa científico.

Los artículos de investigación sobre la felicidad se publican en revistas como *Science*, la gente que investiga la felicidad gana el Premio Nobel y los gobiernos de todo el mundo están apresurándose para descubrir cómo medir y aumentar la felicidad de sus ciudadanos.

¿Cómo puede medirse algo tan subjetivo como la felicidad?

Medir las experiencias subjetivas es mucho más fácil de lo que te imaginas. Es lo que hace tu oculista cuando te gradúa las gafas. Te pone una lente delante del ojo y te pide información sobre tu experiencia, y entonces te pone otra lente, y luego otra. Usa la información que tú le das como si fueran datos, los somete a un análisis científico y diseña una lente que te permitirá ver perfectamente, y todo ello a partir del relato de tu experiencia subjetiva. Los relatos a tiempo real de la gente son aproximaciones muy buenas a sus experiencias, y nos permiten ver el mundo a través de sus ojos. La gente tal vez no es capaz de decirnos en qué grado era feliz ayer o cuán felices serán mañana, pero sí pueden decirnos cómo se sienten en el momento en que se lo preguntamos. La pregunta «¿cómo estás?» tal vez sea la más frecuente del mundo, y no deja a nadie sin respuesta.

Hay muchas formas de medir la felicidad. Podemos preguntar a la gente: «En este momento, ¿cuál es tu grado de felicidad?», y hacer que lo puntúen en una escala. Podemos usar imágenes de resonancia magnética para medir el flujo sanguíneo del cerebro, o la electromiografía para medir la actividad de los «músculos de la sonrisa» en la cara. Pero, en la mayoría de los casos, estas medidas tienen un elevado grado de correlación (y creo que tendrías que ser el ministro de Sanidad para escoger las formas de medir más caras y complicadas sobre las sencillas y baratas).

¿Pero esa escala no es bastante subjetiva? Tu 5 puede ser un 6 para mí.

Imagínate que una tienda ha vendido un montón de termómetros baratos que no están muy bien calibrados. Personas con temperaturas normales pueden obtener lecturas distintas de 37 grados centígrados y dos personas con la misma temperatura pueden obtener diferentes lecturas. Esas inexactitudes pueden hacer que la gente busque un tratamiento médico innecesario o que no reciba el tratamiento necesario. Así que los termómetros defectuosos a veces son un problema, pero no siempre. Por ejemplo, si llevo a cien personas a mi laboratorio, expongo a la mitad de ellos al virus de la gripe, y uso esos termómetros defectuosos para tomarles la temperatura una semana después, la temperatura media de la gente que estuvo expuesta será probablemente superior a la temperatura media de la gente de la otra mitad del grupo. Algunos termómetros subestimarán la temperatura y otros la sobrestimarán, pero siempre que se tome la temperatura a suficientes personas, las inexactitudes se eliminarán. Incluso con instrumentos muy mal calibrados podemos comparar a grandes grupos de personas.

Una escala de clasificación es como un termómetro defectuoso. Sus imprecisiones hacen que sean inadecuadas para realizar algunos tipos de mediciones (por ejemplo, decir exactamente en qué grado era feliz Juan a las 10:42 h de la mañana del 3 de julio de 2010), pero es perfectamente adecuado para los tipos de mediciones que realizan la mayoría de los investigadores en psicología.

¿Qué han descubierto todos estos investigadores de la felicidad?

La mayoría de los estudios confirman cosas que ya sospechábamos. Por ejemplo, en general las personas que tienen una buena relación de pareja son más felices que los que no la tienen. La gente sana es más feliz que la gente enferma. La gente que participa de su religión es más feliz que la que no lo hace. La gente rica es más feliz que la gente pobre. Y así sucesivamente.

Dicho esto, ha habido algunas sorpresas. Por ejemplo, aunque todas estas cosas efectivamente hagan más feliz a las personas, es sorprendente la poca importancia de cada una de ellas. Sí, una nueva casa o una nueva pareja te harán más feliz, pero no mucho, ni por mucho tiempo. Resulta que las personas no somos muy buenas prediciendo qué nos hará felices o cuánto durará esa felicidad. Esperamos que los acontecimientos positivos nos hagan mucho más felices de lo que en realidad nos hacen, y que los acontecimientos negativos nos hagan mucho más infelices de lo que en realidad nos hacen. En los estudios de campo y en los de laboratorio, hemos visto que perder o ganar una elección, conseguir o perder una pareja, que te promocionen en el trabajo o no, o aprobar o suspender un examen son acontecimientos que tienen mucho menos impacto sobre la felicidad de lo que anticipamos. Un estudio reciente mostró que son muy pocas las experiencias que nos afectan más de tres meses. Cuando nos ocurren cosas buenas, las celebramos durante un tiempo y luego volvemos a estar como antes. Cuando nos ocurren cosas malas, lloramos y gimoteamos durante un tiempo, y luego nos recomponemos y seguimos adelante.

¿Por qué los acontecimientos tienen un efecto tan fugaz sobre la felicidad?

Una razón es que la gente es buena sintetizando la felicidad, encontrando los aspectos positivos. Como resultado, generalmente superamos mejor de lo que esperábamos cualquier tipo de trauma o tragedia que nos suceda. En cualquier periódico que hojees encontrarás montones de ejemplos. ¿Recuerdas a Jim Wright, el presidente de la Cámara de Representantes de Estados Unidos que se vio obligado a dimitir debido a un turbio acuerdo para la publicación de un libro? Unos años después explicó al *New York Times* que estaba «mucho mejor, física, financiera, emocional y mentalmente y en casi todos los sentidos». Luego está Moreese Bickham, que pasó 37 años en la Penitenciaría Estatal de Luisiana; después de salir de prisión declaró: «No me arrepiento ni un minuto. Fue una experiencia fantástica». Parece que estos hombres están viviendo en el mejor de los mundos posibles. Pete Best, el batería original de los Beatles, fue sustituido por Ringo Starr en 1962, justo antes de que el grupo se hiciera famoso. Ahora es un batería de sesión. ¿Qué opinaba de haberse perdido la oportunidad de ser parte del grupo más famoso del siglo XX? «Soy más feliz de lo que habría sido con los Beatles».

Uno de los descubrimientos más sólidos sobre la felicidad es que no necesitamos ir corriendo al psicoterapeuta cada vez que se nos rompen los cordones de los zapatos. Tenemos una importante capacidad para sacar el mejor partido de las cosas.

La mayoría de las personas son más resilientes de lo que creen.

¿No se engañan a sí mismos? ¿No es la felicidad real mucho mejor que la felicidad sintética?

Debemos ser cuidadosos con los términos que empleamos. El nailon es real, pero no natural. La felicidad sintética es perfectamente real; solo que está hecha por el hombre. La felicidad sintética es lo que producimos cuando no conseguimos lo que queremos, y la felicidad natural es lo que sentimos cuando lo conseguimos. Tienen orígenes distintos, pero no son necesariamente diferentes en términos de cómo se experimentan. Una no es obviamente mejor que la otra. Por supuesto, muchas personas no se dan cuenta de esto. La mayoría cree que la felicidad sintética no es tan «buena» como la natural, que la gente que la genera se engaña a sí misma y que en realidad no son felices. No tengo ningún indicio de que ese sea el caso. Si te quedas ciego o pierdes tu fortuna, te darás cuenta de que hay una nueva vida más allá de esos acontecimientos. Y descubrirás muchas cosas sobre esa nueva vida que son bastante buenas. De hecho, sin duda encontrarás algunas cosas que incluso son mejores que las de antes. No te estás mintiendo, no estás delirando: estás descubriendo cosas que no sabías, que no podías saber hasta que no estuvieras en esa nueva vida. Estás buscando cosas que hagan mejor tu vida, las estás encontrando y te están haciendo feliz. Lo que más me sorprende como científico es que la mayoría de nosotros no se da cuenta de lo capacitados que estamos para encontrar esas cosas. Nunca diríamos: «Por supuesto, si pierdo mi dinero o mi mujer me deja, encontraré una manera de ser tan feliz como lo soy ahora». Nunca lo diríamos, pero es así.

¿Siempre es deseable ser feliz? Pienso en todos los genios creativos infelices, como Beethoven, van Gogh, Hemingway. ¿Es necesario cierto grado de infelicidad para lograr un buen rendimiento?

¡Tonterías! Todos podemos encontrar ejemplos históricos de alguien deprimido y creativo a la vez, pero eso no quiere decir que la depresión promueva la creatividad. Seguro que hay alguien que se fumaba dos paquetes de tabaco al día y vivió hasta los 90 años, pero eso no quiere decir que los cigarrillos sean buenos para ti. La diferencia entre usar anécdotas para demostrar una idea y usar la ciencia es que científicamente no puedes contar la historia que te va mejor. Tienes que examinar *todas* las historias, o al menos una muestra significativa de ellas, y ver si hay más deprimidos no creativos o felices no creativos. Si la depresión promoviera la creatividad, se vería a un porcentaje más elevado de creativos entre los deprimidos que entre los felices. Y no se ve. En general, la gente feliz es más creativa y productiva. En la historia, ¿ha habido alguna vez un individuo cuya depresión fuera la fuente de su creatividad? Por supuesto. Pero esa persona es la excepción que confirma la regla.

Muchos directivos dicen que las personas satisfechas no son los empleados más productivos, por ello mantienen a la gente algo incómoda, tal vez un poco ansiosa por su situación en sus puestos de trabajo.

Los directivos que recopilan datos, en lugar de apoyarse en la intuición, no dicen eso. No conozco ningún dato que avale que los empleados inquietos y ansiosos sean más creativos o productivos. Recuerda: «satisfacción» no significa sentarse y quedarse mirando a la pared. Eso es lo que las personas hacemos cuando estamos aburridas, un sentimiento que detestamos. Sabemos que las personas son más felices cuando afrontan retos adecuados, cuando están tratando de conseguir algo difícil pero no imposible. Sentir que estás ante un reto y sentir temor son dos cosas distintas. La gente se enciende cuando se enfrenta a un desafío y se apaga cuando se siente amenazada. Por supuesto, puedes conseguir algún resultado con las amenazas. Dile a alguien: «Si no acabas esto para el viernes, estás despedido», y probablemente lo tendrás el viernes. Pero también tendrás a un empleado que, a partir de ahí, hará todo lo posible para desautorizarte, que no sentirá ninguna lealtad hacia la organización y que nunca hará más de lo que debe. Sería mucho más efectivo decirle a tu empleado: «No creo que mucha gente sea capaz de acabar esto para el viernes. Pero tengo total fe y confianza en que tú puedes. Y es enormemente importante para todo el equipo». Los psicólogos han estudiado la recompensa y el castigo durante un siglo, y la conclusión está perfectamente clara: la recompensa funciona mucho mejor.

Entonces, los retos hacen feliz a la gente. ¿Qué más sabemos sobre las fuentes de la felicidad?

Si tuviera que resumir en una palabra toda la literatura científica sobre la causas de la felicidad humana, la palabra sería «social». Somos, con diferencia, la especie más social de la Tierra. Incluso las hormigas no son nada comparadas con nosotros. Si quisiera predecir tu felicidad y solo pudiera saber una cosa sobre ti, no querría conocer tu sexo, tu religión, tu estado de salud o tus ingresos; querría saber cómo es tu red social, tus amigos y tu familia, y la fuerza de los lazos que te unen a ellos.

Además de tener redes ricas, ¿qué nos hace felices en el día a día?

El psicólogo Ed Diener ha descubierto algo que me gusta mucho. En esencia, lo que muestra es que la *frecuencia* de tus experiencias positivas es mucho mejor predictor de tu felicidad que la *intensidad* de tus experiencias positivas. Cuando pensamos en lo que nos haría felices, tendemos a imaginar acontecimientos intensos (tener una cita con una estrella de cine, ganar un premio Pulitzer, comprar un yate). Pero Diener y su equipo han demostrado que no importa tanto lo buenas que sean tus experiencias como el número de buenas experiencias que tengas. Alguien que viva una docena de acontecimientos moderadamente felices cada día es probablemente más feliz que alguien que haya tenido una única experiencia increíble. Así que lleva unos zapatos cómodos, dale a tu pareja un beso intenso o cómete unas patatas fritas... Parecen pequeñas cosas, y lo son. Pero son las pequeñas cosas que importan.

Creo que esto ayuda a explicar por qué es tan difícil para nosotros predecir nuestros estados emocionales. Imaginamos que una o dos cosas grandes tendrán un efecto profundo. Pero parece que la felicidad es la suma de cientos de pequeñas cosas. Alcanzar la felicidad demanda la misma actitud que perder peso. La gente que quiere adelgazar querría una píldora mágica que les dé resultados instantáneos. No existe tal cosa. Sabemos exactamente cómo pierde peso la gente: comen menos y hacen más ejercicio. No tienen que comer mucho menos o hacer mucho más ejercicio. Solo tienen que hacer estas cosas con regularidad. Con el tiempo, todo suma. La felicidad es así. Las cosas que puedes hacer para aumentar tu felicidad son obvias y pequeñas, y solo requieren un poco de tiempo. Pero tienes que hacerlas cada día y esperar para obtener los resultados.

¿Qué cosas podemos hacer para aumentar nuestra felicidad?

Son cosas parecidas a «come menos y haz más ejercicio». Lo principal es adoptar algunas conductas sencillas, como meditar, hacer ejercicio, dormir suficiente y ser altruista. Una de las cosas más egoístas que puedes hacer es ayudar a los demás. Siendo voluntario en un refugio para indigentes, puede que ayudes a los indigentes, o no, pero sin duda te ayudarás a ti mismo. Nutre tus relaciones sociales. Dos veces a la semana, escribe tres cosas por las que te sientas agradecido, y cuéntale a alguien por qué. Sé que esto suena como las misas para tu abuela. Bueno, tu abuela era lista. El secreto de la felicidad es como el secreto para adelgazar: ¡No hay secreto!

Si no hay ningún secreto, ¿qué nos queda por estudiar?

Las preguntas no faltan. Durante décadas, los psicólogos y los economistas han estado cuestionándose estas dudas: «¿Quién es feliz? ¿El rico? ¿El pobre? ¿El joven? ¿El viejo?». La mejor opción para saberlo fue dividir a la gente en grupos y preguntarles sobre su felicidad una o dos veces, y tratar de determinar si la gente de un grupo era, de media, más feliz que la del otro. Las herramientas que usamos eran instrumentos muy simples. Pero ahora millones de personas llevan pequeños ordenadores en sus bolsillos, teléfonos inteligentes, y esto nos permite recoger datos en tiempo real de un gran número de personas sobre lo que están haciendo y sintiendo en cada momento. Esto antes no era posible.

Uno de mis colaboradores, Matt Killingsworth, ha diseñado una aplicación de muestreo de experiencias llamada *Track Your Happiness* (Rastrea tu felicidad). Está siguiendo a más de 15.000 personas por iPhone, preguntándoles varias veces al día sobre sus actividades y estados emocionales. ¿Están en casa? ¿En el autobús? ¿Mirando la tele? ¿Rezando? ¿Cómo se sienten? ¿En qué están pensando? Con esta tecnología, Matt está empezando a obtener respuesta a una pregunta mucho mejor que la que nos hemos estado formulando durante décadas. En lugar de preguntar *quién* es feliz, él puede averiguar *cuándo* son felices. Pero no lo consigue preguntando «¿cuándo eres feliz?», porque, francamente, la gente lo ignora. Consigue la respuesta haciendo un seguimiento de la gente durante días, meses y años y midiendo lo que están haciendo y cuán felices son mientras lo están haciendo. Creo que este tipo de tecnología está a punto de revolucionar nuestra comprensión de las emociones y del bienestar humano diario (ver «El futuro de la investigación sobre la felicidad», más adelante).

¿Cuáles son las nuevas fronteras de la investigación sobre la felicidad?

Necesitamos medir elementos más específicos. Muchos científicos dicen que están estudiando la felicidad pero, cuando analizas lo que están midiendo, descubres que en realidad están midiendo la depresión o la satisfacción con la vida. Claro que son aspectos relacionados con la felicidad, pero no son lo mismo. La investigación muestra que la gente con niños suele ser menos feliz en el día a día que la gente sin niños. Pero la gente con hijos puede sentirse más satisfecha de una forma que la gente sin hijos no experimenta. No tiene sentido decir que la gente con niños es más feliz, o que la gente sin niños es más feliz; cada grupo es más feliz de algunas formas, y menos de otras. No podemos pintar el retrato de nuestra felicidad con un pincel tan grueso.

¿Estas investigaciones conseguirán que seamos más felices?

Estamos aprendiendo y continuaremos aprendiendo a maximizar nuestra felicidad. Así pues, sí; no hay duda de que la investigación nos ha ayudado y continuará ayudándonos a incrementar nuestra felicidad. Pero eso aún deja una gran pregunta: ¿Qué tipo de felicidad queremos? Por ejemplo, ¿queremos que la felicidad media de nuestros momentos sea lo más grande posible, o queremos que la suma de nuestros momentos de felicidad sea tan grande como sea posible? Son cosas distintas. ¿Queremos que nuestra vida esté libre de dolor y pena, o hay algún valor en esas experiencias? La ciencia pronto será capaz de decirnos cómo vivir las vidas que queremos, pero nunca nos dirá qué tipo de vidas tenemos que querer vivir. Eso lo decidiremos nosotros.

EL FUTURO DE LA INVESTIGACIÓN SOBRE LA FELICIDAD

Matthew Killingsworth

Puedes pensar que es fácil adivinar qué nos hace felices. Sin embargo, hasta hace poco los investigadores tuvieron que confiar principalmente en las respuestas de la gente sobre sus estados emocionales habituales durante períodos prolongados y en predictores obtenidos con facilidad, como las variables demográficas. Como resultado, sabemos que las personas casadas o ricas son, de media, más felices que las que no se han casado o la gente menos pudiente. Pero ¿por qué estar casado o tener dinero hace feliz a la gente?

Centrarse en los estados emocionales promedio también suaviza las fluctuaciones a corto plazo de la felicidad y, en consecuencia, reduce nuestra capacidad de entender las causas de esas fluctuaciones. Por ejemplo, ¿cómo afectan los detalles de cada momento del día a la felicidad de una persona?

Ahora podemos empezar a responder preguntas como esa gracias a los teléfonos móviles. Para un proyecto de investigación que he puesto en marcha, llamado *Track Your Happiness* Rastrea tu felicidad), he reclutado a más de 15.000 personas de 83 países que informan de sus estados emocionales en tiempo real, con dispositivos electrónicos que llevan encima todos los días. He creado una aplicación para iPhone que pregunta a los usuarios a intervalos aleatorios, interpelándoles sobre su estado de ánimo (los encuestados deslizan un botón en una escala que va del «muy mal» a «muy bien»), qué están haciendo (pueden seleccionar de entre 22 opciones, incluido desplazarse al trabajo, trabajar, hacer deporte y comer), y otros factores como su nivel de productividad, la

(continúa)

EL FUTURO DE LA INVESTIGACIÓN SOBRE LA FELICIDAD

naturaleza de su entorno, la cantidad y calidad de su sueño, y sus interacciones sociales. Desde 2009 hemos recogido más de medio millón de datos, haciendo, hasta donde yo sé, el mayor estudio a gran escala sobre la felicidad en la vida diaria nunca realizado.

Un hallazgo importante es que la mente de las personas divaga casi la mitad del tiempo, y esto parece afectar a su estado de ánimo. Divagar sobre temas desagradables o incluso neutros se asocia con un grado de felicidad mucho menor; de cualquier manera, desviarse a temas positivos no tiene ningún efecto. La cantidad de tiempo que la mente pasa dispersa varía en gran medida dependiendo de la actividad, desde aproximadamente un 60% del tiempo durante el trayecto al trabajo hasta el 30% mientras hablamos con alguien o jugamos, hasta el 10% durante el sexo. Pero no importa lo que la gente esté haciendo, son mucho menos felices cuando sus mentes están dispersas que cuando están concentradas. Esto sugiere de forma primordial que, para optimizar nuestro bienestar emocional, deberíamos prestar al menos tanta atención al lugar donde están nuestras mentes como a lo que nuestro cuerpo está haciendo. Sin embargo, para la mayoría de nosotros, nuestros pensamientos no son parte de nuestra planificación diaria. Cuando te despiertas un sábado por la mañana y te preguntas «¿qué voy a hacer hoy?», por lo general la respuesta se refiere al lugar adonde llevarás tu cuerpo (a la playa, al partido de fútbol de los niños, a correr un poco). También tendrías que hacerte esta pregunta: «¿Qué voy a hacer con mi mente hoy?».

La corriente relacionada de investigación examina el nexo existente entre la mente distraída y la productividad. Muchos directivos, en particular aquellos con subordinados que son trabajadores del conocimiento

(continúa)

EL FUTURO DE LA INVESTIGACIÓN SOBRE LA FELICIDAD

que realizan tareas creativas, pueden tener la impresión de que, hasta cierto punto, soñar despierto es algo bueno, porque proporciona un descanso mental y quizás permite a la gente reflexionar sobre cuestiones relacionadas con el trabajo. Por desgracia, los datos hasta el momento sugieren que, además de reducir la felicidad, una mente que divaga en el trabajo equivale a una menor productividad. Y las mentes de los empleados se distraen mucho más de lo que los directivos probablemente imaginan, más o menos el 50% de la jornada laboral, y casi siempre con asuntos personales. Los directivos deberían buscar formas de ayudar a que sus empleados se mantengan concentrados, en beneficio de los empleados y de la compañía.

Los datos también están empezando a dibujar un cuadro de variaciones de la felicidad en un mismo individuo y de una persona a otra. El descubrimiento más sorprendente es que la felicidad difiere más de momento a momento que entre personas. Esto sugiere que los principales motores de nuestra felicidad no son las circunstancias de nuestras vidas, como el lugar donde vivimos o si estamos casados; podrían ser las cosas pequeñas de cada día las que cuentan más.

También sugieren que la felicidad en el trabajo puede depender más de nuestras experiencias del momento, de nuestras interacciones habituales con los compañeros de trabajo, de los proyectos en los que participamos o de nuestras contribuciones diarias, más que de esas circunstancias estables de las que se cree que promueven la felicidad, como un salario alto o un título prestigioso. Una de las prioridades de mi actual investigación y de las futuras es utilizar esta tecnología de muestreo en el lugar de trabajo, y espero que al menos sirva para revelar lo que hace felices a los empleados.

(continúa)

EL FUTURO DE LA INVESTIGACIÓN SOBRE LA FELICIDAD

Una mente concentrada es una mente feliz

Se consultó a los participantes en el estudio sobre su estado de ánimo y sobre el estado de distracción mental durante 22 actividades distintas. Los círculos representan sus actividades y sus pensamientos. Cuanto más a la derecha está el círculo, más feliz se sintió la gente, como promedio. Cuando más grande es el círculo, con más frecuencia realizaron actividades o pensaron.

Matthew Killingsworth es estudiante de doctorado de psicología en la Universidad de Harvard. Es el creador de www.trackyourhappiness.com.

DANIEL GILBERT es el profesor de Psicología de la cátedra Edgar Pierce en la Universidad de Harvard. Ha obtenido numerosos reconocimientos por sus investigaciones y su docencia, incluida la Distinguished Scientific Award for an Early Career Contribution to Psychology de la American Psychological Association. Es autor de *Tropezar con la felicidad* y presentador y coguionista de la serie de televisión de la PBS *This Emotional Life*. GARDINER MORSE es editor sénior en *Harvard Business Review*.

Reproducido de *Harvard Business Review*, enero-febrero de 2012 (producto #R1201E).

4

El poder de las pequeñas victorias

Teresa M. Amabile y Steven J. Kramer

¿Cuál es la mejor manera de impulsar el trabajo de innovación en las empresas? Pistas importantes se esconden en las historias de creadores conocidos mundialmente. Resulta que los científicos comunes, los vendedores, los programadores y otros trabajadores del conocimiento anónimos, cuyos trabajos requieren que se aplique la productividad creativa todos los días, tienen más en común con los innovadores famosos de lo que la mayoría de los directivos se percatan. Los acontecimientos del trabajo diario que disparan sus emociones, alimentan su motivación y desencadenan sus percepciones son fundamentalmente los mismos.

La doble hélice, el libro de memorias de James Watson (1968) sobre el descubrimiento de la estructura del ADN, describe la montaña rusa de emociones que él y Francis Crick sintieron a través del progreso y de los contratiempos del trabajo que finalmente les valió el Premio Nobel. Después del entusiasmo tras su primer intento de reproducir un modelo del ADN, Watson y Crick se dieron cuenta de algunos errores importantes. Según Watson: «En un primer momento, nuestros modelos... no eran satisfactorios». Más tarde, esa misma noche, «comenzó a emerger una forma que nos devolvió el ánimo». Pero, cuando mostraron su descubrimiento a sus colegas, estos opinaron que su modelo no funcionaba. Siguieron días de dudas y desmotivación. Cuando esta pareja de científicos finalmente logró un descubrimiento fiable y sus colegas no vieron fallo alguno en él, Watson escribió: «Mi moral se disparó, porque sospechaba que en aquel momento ya teníamos la respuesta al acertijo». Watson y Crick estaban tan motivados por este logro que prácticamente vivían en el laboratorio, tratando de concluir su trabajo.

Durante estos episodios, el progreso del proyecto (o la falta de él) guió sus reacciones. En nuestra reciente investigación del trabajo creativo en los negocios, tropezamos con un fenómeno considerablemente parecido. Mediante análisis exhaustivo de los diarios de trabajadores del conocimiento, descubrimos el «principio del progreso»: de todas las cosas que pueden estimular las emociones, la motivación y las percepciones durante un día de trabajo, la más importante es avanzar en un trabajo que tenga significado. Y, cuanto mayor sea la frecuencia con la que la gente viva ese sentido de progreso, más probable es que sean creativamente productivos a largo plazo. Tanto si están intentando resolver un importante dilema científico, como si simplemente están creando un producto o servicio de calidad elevada, el progreso diario (incluso las pequeñas victorias) puede marcar la diferencia en cómo se sienten y cómo rinden.

El poder del progreso es fundamental para la naturaleza humana, pero pocos directivos lo entienden o saben cómo impulsar el progreso para estimular la motivación. De hecho, la motivación laboral ha sido un tema de debate durante mucho tiempo. En una encuesta preguntamos sobre las claves para motivar a los trabajadores, y descubrimos que algunos directivos habían puntuado el reconocimiento por el buen trabajo como el aspecto más importante, mientras que otros pusieron el acento en los incentivos tangibles. Algunos se centraron en el valor del apoyo interpersonal, mientras que otros pensaban que los objetivos claros eran la respuesta. Es interesante que muy pocos de los directivos encuestados eligieran el progreso como primer aspecto de importancia (ver más adelante «Una sorpresa para los directivos»).

Si eres es un directivo, el principio del progreso tiene importantes implicaciones sobre dónde enfocar tus esfuerzos. Sugiere que tienes más influencia de la que crees sobre el bienestar, la motivación y los resultados creativos de tus subordinados. Saber qué sirve como catalizador y refuerza el progreso (y qué lo frena) es la clave para manejar a las personas y su trabajo de forma efectiva.

UNA SORPRESA PARA LOS DIRECTIVOS

En un número de HBR de 1968, Frederick Herzberg publicó un artículo, ahora clásico, titulado: «Una vez más: ¿Cómo motiva a sus empleados?». Nuestros descubrimientos son coherentes con su mensaje: las personas están más satisfechas con sus empleos (y por tanto, más motivadas) cuando esos empleos les dan la oportunidad de experimentar un logro. La investigación diaria que describimos en este artículo, en la que examinamos microscópicamente los acontecimientos de miles de días de trabajo diario, en tiempo real, descubrieron los mecanismos subyacentes al sentido de progreso: progresar de forma significativa y sólida.

Pero parece que los directivos no han reflexionado seriamente sobre ello. Para evaluar la conciencia que actualmente se tiene sobre la importancia del progreso del trabajo diario, recientemente elaboramos una encuesta entre 669 directivos de distintos niveles

(continúa)

UNA SORPRESA PARA LOS DIRECTIVOS

de docenas de compañías de todo el mundo. Preguntamos sobre las herramientas directivas que pueden afectar a la motivación y las emociones de los empleados. Los encuestados clasificaron cinco herramientas en orden de importancia (ayuda para progresar en el trabajo, reconocimiento del buen trabajo, incentivos, apoyo interpersonal y objetivos claros).

De los directivos que completaron nuestra encuesta, el 95% probablemente se sorprendió cuando supieron que apoyar el progreso es la principal forma de aumentar la motivación (porque ese es el porcentaje que no puso el progreso en el primer lugar). De hecho, solo 35 directivos escogieron el progreso como el elemento motivador número uno (un escaso 5%). La gran mayoría de los encuestados consideró el apoyo para progresar en último lugar, y en tercero como una influencia o emoción. Clasificaron el «reconocimiento por el buen trabajo (público o privado)» como el factor más importante en la motivación a los trabajadores y como lo que les hace felices. En nuestro estudio diario, el reconocimiento ciertamente potenció la vida laboral interior. Pero no era tan importante como el progreso. Además, sin logros profesionales, hay muy poco que reconocer.

En este artículo compartimos lo que hemos aprendido sobre el poder del progreso y de cómo los directivos pueden estimularlo. Explicamos en detalle de qué forma el foco en el progreso se traduce en acciones de gestión concretas, y proporcionamos una lista de verificación para ayudar a convertir en habituales esas conductas. Pero, para aclarar por qué esas acciones son tan poderosas, primero explicamos nuestra investigación y lo que revelan los diarios de los trabajadores del conocimiento sobre sus vidas laborales interiores.

Vida laboral interior y rendimiento

Durante casi quince años, hemos estudiado las experiencias psicológicas y el rendimiento de las personas que realizan trabajos complejos en las organizaciones. Pronto nos dimos cuenta de que el principal motor de la creatividad y del rendimiento productivo era la calidad de la vida laboral interior de cada persona: la mezcla de emociones, motivaciones y percepciones en el transcurso del día laboral. El grado en que un trabajador se siente feliz: cuán motivado está por un interés intrínseco en su trabajo, la visión positiva que tiene de la organización en la que trabaja y de sus directivos, de su equipo, de su trabajo y de él mismo... todos esos aspectos se combinan para o bien impulsar al trabajador a mayores niveles de logro o para arrastrarlo a niveles más bajos.

Para entender mejor esa dinámica interior, pedimos a los miembros de equipos de proyecto que, al final del día durante la duración del proyecto (de unos cuatro meses de promedio) respondieran individualmente a una encuesta por correo electrónico (para saber más de este estudio, puedes consultar el artículo «Inner Work Life: Understanding the Subtext of Business Performance», HBR mayo del 2007). Todos los proyectos implicaban el uso de la creatividad (inventar menaje de cocina, gestionar líneas de productos de herramientas de limpieza y resolver complejos problemas informáticos de la industria hotelera, por ejemplo). En la encuesta diaria se preguntaba a los participantes sobre su estado de ánimo y sus emociones, grado de motivación y percepciones sobre el ambiente de trabajo aquel día, así como qué trabajo habían hecho y qué acontecimientos destacaban en su mente.

En el estudio participaron 26 equipos de proyectos de siete compañías, lo que incluía a 238 individuos. Cada día se obtenían cerca de 12.000 entradas. Naturalmente, cada individuo de nuestra población sufrió altibajos. Nuestro objetivo era descubrir los estados de la vida laboral interior y los acontecimientos del día a día que se correlacionaban con los mayores niveles de resultados creativos.

En una espectacular refutación de la creencia habitual de que un nivel elevado de presión y miedo estimula el rendimiento, descubrimos que, al menos en el área del trabajo del conocimiento, la gente era más creativa y productiva cuando su mundo interior era positivo: cuando se sentían felices, se sentían intrínsecamente motivados por el trabajo y tenían percepciones positivas de sus colegas y de la organización. Además, durante esos estados positivos, las personas se sienten más implicadas con el trabajo y más próximas a las personas de su entorno. Vimos que la vida laboral interior puede fluctuar de un día a otro, algunas veces bruscamente, y con ello, el rendimiento. La vida laboral interior de una persona en un día determinado alimenta su rendimiento ese día, e incluso puede afectar al rendimiento del día siguiente.

Una vez que este «efecto vida laboral interior» se hizo evidente, nuestra indagación derivó hacia si la acción directiva puede activar este efecto y cómo. ¿Qué acontecimientos pueden despertar emociones, motivaciones y percepciones positivas o negativas?

Las respuestas se recogieron de las entradas de los diarios de los participantes en nuestra investigación. Hay desencadenantes predecibles que potencian o modifican la vida laboral interior, e incluso teniendo en cuenta las variaciones entre distintos individuos, son generalmente los mismos para todo el mundo.

El poder del progreso

Nuestra búsqueda de los potenciadores de la vida laboral interior nos llevó al principio del progreso. Cuando comparamos los mejores y peores días de nuestros participantes (a partir de su estado de ánimo general, de emociones específicas y del nivel de motivación), vimos que los acontecimientos que provocaban un mejor día con más frecuencia eran los progresos en el trabajo del individuo o del equipo. Los acontecimientos que con más frecuencia provocaban un día peor fueron los contratiempos.

Piensa, por ejemplo, en la forma en que el progreso se relaciona con un componente de la vida laboral interior: la clasificación de estados de ánimo generales. Los avances tuvieron lugar en un 76% de los casos en los días de mejor estado de ánimo de la gente. En cambio, los contratiempos ocurrieron en solo el 13% de esos días (ver la figura «¿Qué pasa en los días buenos y en los días malos?»).

Otros dos tipos de desencadenantes de vida laboral interior también ocurrieron con frecuencia en los días buenos: *catalizadores*, acciones que apoyan directamente al trabajo, incluyendo la ayuda de una persona o grupo, y *reforzadores*, acontecimientos como muestras de respeto y palabras de ánimo. Cada uno de ellos tiene su opuesto: *inhibidores,* acciones que no apoyan o que entorpecen activamente el trabajo, y *tóxicos*, acontecimientos que desaniman o perjudican. Considerando que los catalizadores y los inhibidores se dirigen al proyecto, los reforzadores y los tóxicos se dirigen a la persona. Como los contratiempos, los inhibidores y los tóxicos son inusuales en los días de buena vida laboral interna.

Los hechos que ocurren en los días de peor estado de ánimo son casi el reflejo invertido de los que ocurren en los días mejores. Aquí, las adversidades predominan: ocurren en el 67% de esos días. El progreso se registró solo en el 25% de los peores días. Las circunstancias inhibidoras y tóxicas también fueron parte de los peores días de estado de ánimo, y los catalizadores y los reforzadores fueron infrecuentes en esos días.

Esto es el principio del progreso hecho visible: si una persona está feliz y motivada al final de una jornada laboral, es una buena apuesta pensar que hará algún progreso.

Si la persona se va de la oficina indiferente y descontenta, es más probable que ocurra un percance. Cuando analizamos las 12.000 encuestas diarias cumplimentadas por nuestros participantes en el estudio, descubrimos que el progreso y los contratiempos influían sobre tres de los aspectos de la vida laboral interior. En los días en que hicieron algún progreso, nuestros participantes informaron de más *emociones* positivas. No solo su estado de ánimo era más alto en general, sino que además expresaron más alegría, calidez y orgullo. Cuando sufrieron alguna adversidad, sintieron más frustración, miedo y tristeza.

La *motivación* también resultó afectada: en los días de progreso, la gente estaba más motivada intrínsecamente por el interés y el disfrute del trabajo. En los días de contratiempos, no solo se sentían menos motivados intrínsecamente, sino también menos motivados extrínsecamente por el reconocimiento. Aparentemente, las contrariedades pueden hacer que una persona se sienta más apática y menos inclinada a hacer el trabajo.

Las *percepciones* difieren también de muchas formas. En los días de progreso, la gente percibió desafíos más significativamente positivos en su trabajo. Vieron a sus equipos como mutuamente serviciales e informaron de más interacciones entre los equipos

¿Qué pasa en los días buenos y en los días malos?

El progreso, incluso un pequeño paso, sucede en muchos de los días en que la gente informa de un buen estado de ánimo. Las circunstancias de los días malos (las adversidades y otros impedimentos) son casi la imagen invertida de los días buenos.

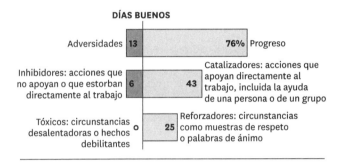

DÍAS BUENOS

Adversidades 13 — 76% Progreso

Inhibidores: acciones que no apoyan o que estorban directamente al trabajo 6 — 43 Catalizadores: acciones que apoyan directamente al trabajo, incluida la ayuda de una persona o de un grupo

Tóxicos: circunstancias desalentadoras o hechos debilitantes 0 — 25 Reforzadores: circunstancias como muestras de respeto o palabras de ánimo

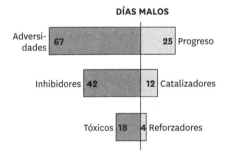

DÍAS MALOS

Adversidades 67 — 25 Progreso

Inhibidores 42 — 12 Catalizadores

Tóxicos 18 — 4 Reforzadores

y sus supervisores. La percepción se vio afectada en distintas dimensiones cuando las personas encontraron inconvenientes. Los desafíos del trabajo les parecieron menos positivos, sintieron que tenían menos libertad para actuar e informaron de que los recursos con los que contaban eran insuficientes. En los días de contratiempos, los participantes percibieron a sus equipos y a sus supervisores como menos serviciales.

Para que quede claro, nuestro análisis estableció correlaciones pero no probó la causalidad. ¿Fueron esos cambios en la vida laboral interior el resultado del progreso y los percances, o el efecto fue en la dirección contraria? Solo los números no pueden responder a eso. Sin embargo, a partir de la lectura de miles de entradas de diarios sabemos que, a menudo, el progreso conlleva percepciones más positivas, un sentido de logro, satisfacción, felicidad e, incluso a menudo, de euforia. Esta es una entrada típica después de una situación de progreso, escrita por un programador: «He aplastado a ese gusano que ha estado amargándome durante casi un año de calendario. Tal vez eso no te parezca un gran acontecimiento, pero vivo una vida muy monótona, así que estoy emocionado».

Igualmente, vimos que las percepciones deterioradas, la frustración, la tristeza e incluso los disgustos fueron posteriores a los contratiempos. Como escribió otro participante, a cargo del marketing de producto: «Hemos pasado un montón de tiempo actualizando la lista de proyectos en los que aplicar una reducción de costes, y después de sumar todos los números, aún estamos lejos de alcanzar nuestro objetivo. Es desalentador no ser capaz de conseguirlo tras tanto tiempo invertido y un duro trabajo».

Es casi seguro que la causalidad se da en ambos sentidos, y que los directivos pueden usar esta información entre progreso y vida laboral interior para apoyar a ambos.

Pequeñas victorias

Cuando pensamos en progreso, a menudo evocamos lo bien que uno se siente cuando alcanza un logro a largo plazo o vive un éxito importante. Estos grandes resultados son geniales, pero son relativamente infrecuentes. La buena noticia es que incluso las pequeñas victorias pueden potenciar tremendamente la vida laboral interior. Muchos de los progresos de los que informaron nuestros participantes en el estudio representaron solo un pequeño paso adelante. Y aún así, a menudo evocaban reacciones positivas desmesuradas. Sirva como muestra esta entrada del diario del programador de una compañía de alta tecnología, acompañada de una autoevaluación muy positiva de sus emociones, motivaciones y percepciones de ese día: «Descubrí la razón por la que algo no funcionaba correctamente. Me sentí aliviado y feliz porque fue un pequeño hito para mí».

Incluso el progreso ordinario y gradual puede aumentar la implicación de las personas en el trabajo, y su felicidad durante la jornada laboral. Entre todos los tipos de acontecimientos de los que informaron nuestros participantes, una proporción notable (28%), si bien no tuvieron un gran impacto sobre el proyecto, sí evidenciaron tener una influencia importante sobre los sentimientos de la gente al respecto. Puesto que la vida laboral interior tiene ese efecto tan potente en la creatividad y la productividad, y puesto que los pasos adelante compartidos por muchas personas, pequeños pero consistentes, pueden acumularse y dar lugar a una ejecución excelente, los acontecimientos que señalan el progreso son críticos para el rendimiento general de las organizaciones, aunque a menudo puedan pasar desapercibidos.

Por desgracia, esto tiene otra cara. Las pequeñas pérdidas o los pequeños inconvenientes también pueden ocasionar un impacto extremadamente negativo en la vida laboral interior. De hecho, nuestro estudio y las investigaciones de otros muestran que las circunstancias negativas pueden tener un impacto más poderoso que los positivos. En consecuencia, es especialmente importante para los directivos minimizar las dificultades diarias (ver otra vez la figura «¿Qué pasa en los días buenos y en los días malos?).

El progreso en un trabajo significativo

Hemos mostrado lo gratificante que es para los trabajadores ser capaces de abrirse camino hacia un objetivo, pero recuerda lo que dije antes: la clave para potenciar un buen rendimiento es apoyar el progreso en un trabajo significativo. Avanzar potencia tu vida laboral interior, pero solo si el trabajo te importa.

Piensa en el trabajo más aburrido que hayas tenido. Muchas personas nombran su primer trabajo de adolescentes, lavando cacerolas y sartenes en la cocina de un restaurante, por ejemplo, o vigilando los abrigos en un museo. En trabajos como esos, el poder del progreso parece escurridizo. No importa lo duro que trabajes, siempre hay más ollas que lavar y abrigos que vigilar; la única sensación de haber logrado algo se puede obtener cuando el reloj marca el fin de la jornada laboral o cuando se recibe la paga al final de la semana.

En trabajos con mayores desafíos y con espacio para la creatividad, como los que desempeñaban los participantes en nuestro estudio, simplemente «avanzar» (acabar las tareas pendientes) no garantiza una buena vida laboral interior. Puedes haber verificado esto en tu propio trabajo: en los días (o en los proyectos) en que te sientes desmotivado, devaluado y frustrado, aunque hayas trabajado duro y hayas terminado las cosas. La causa probable es que percibes que las tareas que has completado son periféricas o irrelevantes. Para que el principio de progreso funcione, el trabajo debe ser importante para la persona que lo hace.

En 1983 Steve Jobs estaba intentando persuadir a John Sculley de que dejara una carrera tremendamente exitosa en PepsiCo para convertirse en el nuevo director ejecutivo de Apple. Cuentan que Jobs le preguntó: «¿De verdad quieres pasar el resto de tu vida vendiendo agua con azúcar o quieres tener la oportunidad de cambiar el mundo?». Con este argumento, Jobs utilizó un potente fundamento psicológico: el profundo deseo humano de desempeñar un trabajo importante y significativo.

Afortunadamente, para sentir que un trabajo es significativo no hace falta que consista en poner al alcance de las personas corrientes el primer ordenador personal, en mitigar la pobreza o ayudar a curar el cáncer. Trabajos menos relevantes para la sociedad pueden resultar significativos si aportan algún valor a algo o a alguien importante para el trabajador. El significado puede ser algo tan sencillo como hacer un producto útil y de alta calidad para un cliente o proporcionar un servicio acreditado para una comunidad. Puede ser ayudar a un compañero a aumentar los beneficios de la empresa reduciendo las ineficiencias de un proceso de producción. Tanto si se trata de objetivos ideales o modestos, mientras sean significativos para el trabajador y quede claro cómo sus esfuerzos colaborarán a que ese objetivo se logre, el progreso hacia el objetivo puede motivar la vida laboral interior.

En principio, para los directivos no debería suponer un gran esfuerzo el dotar de significado a los trabajos. La mayoría de los empleos en las empresas modernas son potencialmente significativos para la gente que los desempeña. Sin embargo, los directivos sí pueden asegurarse de que sus subordinados sepan de qué forma sus trabajos contribuyen en el proyecto. Y, lo que es más importante, pueden evitar acciones negativas que deterioren su valor (ver más adelante «Cómo despojar al trabajo de su significado»). Todos los participantes en nuestro estudio estaban desempeñando trabajos que deberían haber sido importantes para ellos; nadie estaba limpiando ollas o vigilando abrigos. Sin embargo, sorprendentemente, a menudo vimos cómo trabajos potencialmente significativos y con retos perdían su poder inspirador.

CÓMO DESPOJAR AL TRABAJO DE SU SIGNIFICADO

Las entradas de los diarios de 238 trabajadores del conocimiento que eran miembros de equipos de proyectos creativos revelaron las cuatro maneras principales que los directivos, de forma inconsciente, utilizan para infravalorar el trabajo de sus subordinados.

Los directivos pueden desestimar la importancia del trabajo o las ideas de un subordinado. Este es el caso de Richard, un técnico sénior de laboratorio que estaba motivado ayudando a su equipo de desarrollo de nuevos productos a resolver problemas técnicos complejos. Sin embargo, en las reuniones de equipo para revisar el transcurso de las tres últimas semanas, Richard se daba cuenta de que el líder de su equipo ignoraba sus sugerencias y las de sus compañeros de equipo. Como resultado, tuvo la sensación de que sus contribuciones no eran importantes, y su ánimo decayó. Cuando por fin recuperó la sensación de estar contribuyendo significativamente al éxito del proyecto, su estado de ánimo mejoró espectacularmente: «Me sentí mucho mejor en la reunión de equipo de hoy. Tuve la impresión de que mis opiniones y la información que di eran importantes para el proyecto y de que habíamos logrado avanzar».

Pueden hacer que los empleados pierdan el sentido de propiedad de su trabajo. Las reasignaciones frecuentes y abruptas a menudo tienen este efecto. Esto le sucedió en repetidas ocasiones a los miembros del equipo de desarrollo de una enorme compañía de productos de consumo, como describe Bruce: «Después de traspasar algunos proyectos, me doy cuenta de que no me gusta dejarlos. En especial, cuando has estado con ellos desde el principio y estás a punto de acabarlos. Pierdes la propiedad. Esto nos pasa demasiado a menudo».

(continúa)

CÓMO DESPOJAR AL TRABAJO DE SU SIGNIFICADO

Los directivos pueden estar enviando el mensaje de que el trabajo de los empleados nunca llegará a ver la luz del día. Pueden enviar este mensaje de forma inintencionada, cambiando sus prioridades o cambiando de idea sobre cómo debe hacerse algo. Vimos esta situación en una compañía de tecnología de internet después de que el programador de una interfaz de usuario, Burt, hubiera pasado varias semanas diseñando constantes adaptaciones para usuarios que no hablaban inglés. No es sorprendente que decayera el estado de ánimo de Burt el día que informó de este incidente: «Al equipo se le dieron otras opciones para las interfaces internacionales durante una reunión, lo que podría hacer inútil el trabajo que estoy llevando a cabo».

Pueden olvidarse de informar a los empleados sobre cambios inesperados en las prioridades de un cliente. A menudo, esto es consecuencia de una mala gestión de los clientes o de una mala comunicación dentro de la empresa. Por ejemplo, Stuart, un experto en transformación de datos de una compañía de tecnologías de la información, informó de una profunda frustración y baja motivación el día que se enteró de que las semanas de duro trabajo del equipo podrían no haber servido para nada: «Descubrí que hay una clara posibilidad de que el proyecto no siga adelante debido a un cambio en la agenda del cliente. Hay una posibilidad clara de que todo el tiempo y esfuerzo que hemos puesto en el proyecto haya sido un despilfarro».

Apoyar el progreso: catalizadores y reforzadores

¿Qué pueden hacer los directivos para asegurarse de que la gente esté motivada, comprometida y feliz? ¿Cómo pueden apoyar el progreso diario de sus subordinados? Pueden usar catalizadores y reforzadores, los otros tipos de acontecimientos frecuentes que encontramos en los «mejores días».

Los catalizadores son acciones que refuerzan el trabajo. Por ejemplo, establecer unos objetivos claros, permitir la autonomía, proporcionar los recursos y el tiempo suficientes, colaboración en el trabajo, aprender de forma abierta de los éxitos y los fracasos y permitir el libre intercambio de ideas. Por su impacto en el progreso, los catalizadores y los inhibidores afectan a la vida laboral interior. Pero también tienen un efecto más inmediato: cuando la gente se da cuenta de que tiene objetivos importantes y claros, los recursos suficientes, compañeros dispuestos a ayudarles, y así sucesivamente, sus emociones se estimulan de forma inmediata, así como su motivación para hacer un gran trabajo y sus percepciones sobre el trabajo y la organización.

Los reforzadores son actos de apoyo interpersonal, como el respeto y el reconocimiento, el ánimo, el consuelo emocional y las oportunidades para la afiliación. Los tóxicos son sus opuestos, e incluyen las faltas de respeto, el desaliento, ignorar las emociones y el conflicto interpersonal. Para bien o para mal, los actos reforzadores y los tóxicos afectan a la vida laboral interior directa e indirectamente.

Los catalizadores y los reforzadores (y sus opuestos) pueden alterar el grado de importancia que se da al trabajo, ya que cambian las percepciones que los individuos tienen del trabajo y de sí mismos. Por ejemplo, cuando un directivo se asegura de que la gente cuenta con los recursos que necesita, les está diciendo que lo que ellos hacen es importante y valioso. Cuando los directivos reconocen a las personas por su trabajo, están diciéndoles que son importantes para la empresa. En este sentido, los catalizadores y los reforzadores pueden contribuir a dotar de un mayor sentido al trabajo y amplificar el principio del progreso.

Las acciones de gestión que constituyen catalizadores y reforzadores no tienen ningún misterio particular; pueden sonar como las bases de la dirección, o como el sentido común y la decencia. Pero nuestro estudio diario nos recordó con qué frecuencia se ignoran y se olvidan.

Incluso algunos de los directivos más atentos en las compañías que estudiamos no siempre proporcionaron catalizadores y reforzadores. Por ejemplo, un especialista en cadenas de suministro llamado Michael fue, en muchos sentidos y la mayoría de los días, un excelente director de subequipo. Pero a veces estaba tan abrumado que se volvía tóxico para su gente. En una ocasión, un proveedor no cumplió a tiempo con un pedido importante y su equipo tuvo que recurrir a un envío aéreo para cumplir la fecha de entrega con el cliente. Michel se percató de que el margen de beneficios de la venta podía esfumarse y, enfadado, descargó su malestar con sus subordinados, menospreciando el buen trabajo que habían hecho y pasando por alto su propia frustración con el proveedor. En su diario, admitió: «Desde el viernes, hemos gastado 28.000 dólares en un envío aéreo para mandar 1.400 unidades de nuestras mopas con espray a 30 dólares a nuestro segundo cliente. Quedan pendientes 2.800 unidades de este pedido, y hay bastantes posibilidades de que también haya que enviarlas en avión para llegar a tiempo. He pasado de ser el amable gerente de la cadena de suministro al verdugo de la máscara negra. Cualquier signo de cordialidad ha desaparecido porque tenemos la espalda contra la pared: el vuelo no es posible, por lo tanto la discusión es probable».

Incluso cuando los directivos no tienen la espalda contra la pared, desarrollar estrategias a largo plazo y lanzar nuevas iniciativas puede parecer más importante, y quizás más atractivo, que asegurarse de que los subordinados tengan todo lo que necesitan para continuar progresando y sentirse respaldados. Pero, como vimos repetidamente en nuestro estudio, incluso la mejor estrategia fallará si los directivos ignoran a las personas que, desde las trincheras, la están llevando a cabo.

El directivo modelo y una herramienta para imitarle

Podríamos mencionar las muchas, y poco sorprendentes, acciones que catalizan el progreso y refuerzan los ánimos, pero es más útil poner primero el ejemplo de un directivo que empleó sistemáticamente estas acciones y después proporcionar una herramienta sencilla para ayudar a los directivos a aplicarlas.

Nuestro directivo modelo es Graham, a quien observamos liderar a un pequeño equipo de ingenieros químicos en una firma multinacional europea a la que llamaremos Kruger-Bern. La misión del equipo del proyecto NewPoly era clara y lo bastante importante: desarrollar un polímero seguro y biodegradable para reemplazar los petroquímicos en los cosméticos y, finalmente, en una amplia gama de productos de consumo. Sin embargo, como ocurre en muchas firmas grandes, el equipo trabajaba en un entorno corporativo confuso, y a veces amenazante, siguiendo prioridades cambiantes de la alta dirección, señales contradictorias y compromisos vacilantes. Los recursos eran incómodamente ajustados, y la incertidumbre planeaba tanto sobre el futuro del proyecto como sobre la carrera de cada uno de los miembros del equipo. Incluso algo peor: un incidente al principio del proyecto, en el que uno de los clientes principales reaccionó furiosamente ante una muestra, hizo que se dispararan las alarmas. Sin embargo, Graham fue capaz de salvaguardar las vidas laborales interiores de los miembros del equipo eliminado los obstáculos repetidamente y de forma visible, apoyando materialmente el progreso y estimulándoles emocionalmente.

La forma de dirigir de Graham sobresalía en cuatro aspectos. Primero, creó un clima positivo (analizar acontecimiento detrás del otro), que marcó las normas de conducta de la plantilla. Por ejemplo, cuando la queja del cliente detuvo el proyecto, se reunió inmediatamente con el equipo para analizar el problema sin recriminaciones, y desarrolló un plan para restablecer la relación. Al hacerlo, ofreció a los demás un modelo de respuesta ante las crisis en el trabajo: mantener la calma sin señalar a otros, identificar los problemas y sus causas, y desarrollar un plan de acción coordinada. Esto es a la vez un enfoque práctico y una forma de darle a sus subordinados un sentido de movimiento hacia delante, incluso ante los pasos en falso y los errores que todo proyecto complejo conlleva.

Segundo, Graham siempre estuvo atento a las actividades diarias y al progreso de su gente. De hecho, el clima abierto que había establecido hizo que eso ocurriera de forma natural. Sin que él lo pidiera, sus subordinados le informaban con frecuencia sobre sus dificultades, progresos y planes. En un momento dado, uno de sus compañeros más trabajadores, Brady, tuvo que interrumpir el ensayo de un nuevo material porque no podía obtener los parámetros correctos sobre el equipamiento. Eran malas noticias, porque el equipo NewPoly tenía acceso al equipamiento solo un día a la semana, pero Brady informó de inmediato a Graham. En la entrada de su diario de aquella tarde, Brady anotó: «No le ha gustado la semana perdida pero parece que lo entiende». Esa muestra de comprensión aseguró que Graham siguiera recibiendo la información imprescindible para dar a su gente aquello que necesitaban para progresar.

Tercero, Graham centraba su apoyo según los acontecimientos recientes en el equipo y en el proyecto. Cada día podía anticipar qué tipo de intervención tendría más impacto en la vida laboral interior de su gente y en su progreso (catalizadora o la eliminación de un inhibidor; reforzadora o algún antídoto para una toxina). Y, si no podía llegar a una conclusión, preguntaba. La mayoría de los días no era difícil adivinarlo, como cuando recibió noticias alentadoras sobre el compromiso de sus jefes con el proyecto. Sabía que su gente estaba nerviosa debido a los rumores de una reorganización corporativa y que podía utilizar esta información para darles ánimo. Aunque el apoyo de sus jefes llegó durante un bien merecido día de descanso, inmediatamente se puso al teléfono para comunicar las buenas noticias a sus subordinados.

Finalmente, el propio Graham se convirtió en un recurso más para el equipo, en lugar de ser solamente un microgestor; estaba seguro de que podía hacer un seguimiento constante de los avances sin que pareciera que estaba controlándoles. Superficialmente, hacer un seguimiento y controlar son cosas bastante parecidas, pero los directivos que hacen microgestión cometen cuatro tipos de errores. Primero, fallan cuando conceden autonomía para realizar un trabajo. A diferencia de Graham, que dio al equipo NewPoly un objetivo estratégico claro a la vez que respetaba las ideas de los miembros sobre cómo alcanzarlos, los directivos que hacen microgestión dictan cada movimiento. Segundo, a menudo preguntan a sus subordinados sobre su trabajo sin proporcionarles ninguna ayuda real. En cambio, cuando un subordinado informaba a Graham de algún problema, él le ayudaba a analizarlo, manteniéndose abierto a interpretaciones alternativas y, a menudo, acababa ayudando a restablecer las cosas a su sitio. Tercero, el directivo que microgestiona aceleradamente culpa a una persona cuando aparecen los problemas; lo que hace que los subordinados escondan los contratiempos, en lugar de discutir abiertamente cómo solucionarlos, como hizo Graham con Brady. Y cuarto, los directivos que microgestionan tienden a reservarse información para usarla como arma secreta. Muy pocos se dan cuenta de lo nocivo que es esto para la vida laboral interior. Cuando los subordinados notan que un directivo está guardándose información que puede ser útil, se sienten infantilizados, su motivación se desvanece y su trabajo queda limitado. Graham comunicó rápidamente las perspectivas de la dirección sobre el proyecto, las opiniones y las necesidades de los clientes y las posibles fuentes de ayuda o resistencia dentro y fuera de la organización.

De todas estas formas, Graham apoyaba las emociones positivas de su equipo, la motivación intrínseca por el trabajo y las percepciones favorables. Sus modos de hacer resultan un poderoso ejemplo de cómo los directivos de cualquier nivel pueden actuar en el día a día decididos a promover el progreso.

Sabemos que a muchos directivos, aunque tengan buenas intenciones, les resulta difícil poner en práctica esos métodos que, aparentemente, Graham aplicaba con toda naturalidad. La conciencia, por supuesto, es el primer paso. Sin embargo, convertir la conciencia de la importancia de la vida laboral interior en acciones habituales requiere una disciplina. Con esto en mente, hemos desarrollado una lista de verificación para que los directivos la consulten a diario (ver más adelante «Lista de verificación del progreso diario»). El objetivo de esta lista es gestionar un progreso significativo, sea cual fuere.

El bucle del progreso

La vida laboral interior impulsa el rendimiento; a su vez, el buen rendimiento, que depende de un progreso sostenido, mejora la vida laboral interior. Llamamos a esto el «bucle del progreso» y revela el potencial de los beneficios del autorrefuerzo.

Así, la implicación más importante del principio del progreso es esta: al ayudar a otras personas en su progreso diario en un trabajo significativo, los directivos mejoran no solo la vida laboral interior de sus subordinados, sino también el rendimiento de la organización a largo plazo, lo que hace prosperar la vida laboral interior aún más. Por supuesto, hay una cara oscura, la posibilidad de bucles de *feedback* negativo. Si los directivos no logran apoyar el progreso y a las personas que intentan impulsarlo, la vida laboral interior se resiente, así como el rendimiento; y el rendimiento deteriorado acaba afectando a la vida laboral interior.

Una segunda implicación del principio del progreso es que los directivos no tienen que estar intentando entender la psique de sus trabajadores o inventar complicados planes de incentivos para asegurarse de que los empleados están motivados y felices. Mientras los directivos muestren un respeto y una consideración básicos, pueden centrarse en respaldar el propio trabajo.

Para convertirte en un directivo eficaz, debes aprender a establecer este bucle de *feedback* positivo y mantenerlo activo. Esto puede implicar un cambio significativo. Las escuelas de negocios, los libros de gestión y los propios directivos, generalmente, se centran en gestionar las organizaciones o a las personas. Pero, si te centras en gestionar el progreso, gestionar a las personas (e incluso a organizaciones enteras) se vuelve mucho más factible. No hace falta adivinar las vidas laborales interiores de los subordinados; si se facilita su progreso de forma estable en trabajos significativos, haciendo que ese progreso resulte importante para ellos, y se les trata bien, sentirán las emociones, las motivaciones y las percepciones necesarias para ofrecer un alto rendimiento. Su trabajo de mayor calidad contribuirá al éxito de la organización. Y eso es lo que hace que valga la pena: les encantará su trabajo.

TERESA M. AMABILE es profesora de la Cátedra Edsel Bryant Ford de la Facultad de Administración de Empresas en la

Harvard Business School, y también es autora de *Creativity in Context* (Westview Press, 1996). STEVEN J. KRAMER es investigador independiente, escritor y consultor. Es coautor de «Creativity Under the Gun» (HBR, agosto de 2002) y de «Inner Work Life» (HBR, mayo de 2007). Amabile y Kramer son coautores de *The Progress Principle: Using Small Wins to Ignite Joy, Engagement, and Creativity at Work* (Harvard Business Review Press, 2011).

Reproducido de *Harvard Business Review*,
mayo de 2011 (producto #R1105C).

LISTA DE VERIFICACIÓN DEL PROGRESO DIARIO

Cerca del final del día laboral, usa esta lista de verificación para revisar el día y planificar tus acciones de gestión para la siguiente jornada. Pasados algunos días, podrás identificar los problemas si buscas las palabras en negrita.

Primero, céntrate en el progreso y en los inconvenientes y piensa en acontecimientos específicos (catalizadores, reforzadores, inhibidores y tóxicos) que

(continúa)

LISTA DE VERIFICACIÓN DEL PROGRESO DIARIO

hayan contribuido a ellos. Luego, considera cualquier indicio claro de vida laboral interior y qué información adicional proporciona sobre el progreso y otros acontecimientos. Finalmente, prioriza para actuar.

El plan de acción para el día siguiente es la parte más importante de tu revisión diaria: ¿Qué puedes hacer para facilitar mejor el progreso?

Progreso

¿Qué acontecimientos del día (piensa en 1 o 2) indican una pequeña victoria o un posible obstáculo? (descríbelo brevemente)

_____

_____

Catalizadores

☐ ¿Ha tenido el equipo **objetivos** claros a corto y a largo plazo para realizar un trabajo significativo?

☐ ¿Tuvieron los miembros del equipo suficiente **autonomía** para solucionar los problemas y sentirse dueños del proyecto?

☐ ¿Tuvieron los **recursos** necesarios para avanzar de forma eficiente?

☐ ¿Tuvieron suficiente **tiempo** para centrarse en el trabajo significativo?

☐ ¿He comentado con mi equipo lo **aprendido** de los éxitos y problemas del día?

☐ ¿Les presté **ayuda** cuando la solicitaron o la necesitaron? ¿Animé a los miembros del equipo a ayudarse unos a otros?

☐ ¿Fomenté que las **ideas** fluyeran libremente en el grupo?

(continúa)

LISTA DE VERIFICACIÓN DEL PROGRESO DIARIO

Reforzadores

☐ ¿He mostrado **respeto** a los miembros del equipo reconociendo sus aportaciones para que el proyecto avance, escuchando sus ideas y tratándoles como profesionales en quienes confío?

☐ ¿He estimulado a los miembros del equipo para que afronten los **retos difíciles**?

☐ ¿He apoyado a los miembros del equipo que tenían un **problema personal** o **profesional**?

☐ ¿Existe un sentimiento de **compañerismo** personal y profesional dentro del el equipo?

Contratiempos

¿Qué acontecimientos del día (piensa en 1 o 2) indican un pequeño contratiempo o una posible crisis?

_____

_____

Inhibidores

- ☐ ¿Ha habido alguna confusión acerca de los **objetivos** a largo o corto plazo de algún trabajo significativo?

- ☐ ¿Estuvieron los miembros del equipo demasiado **limitados** para resolver problemas y sentirse dueños del proyecto?

- ☐ ¿Les faltaron los **recursos** que necesitaban para avanzar de forma eficaz?

- ☐ ¿Les faltó el **tiempo** necesario para centrarse en el trabajo significativo?

- ☐ ¿Tanto yo como los otros proporcionamos la **ayuda** necesaria o solicitada?

- ☐ ¿He «castigado» el fracaso, o no he tenido en cuenta las **lecciones** resultantes de los diferentes problemas y éxitos?

(continúa)

LISTA DE VERIFICACIÓN DEL PROGRESO DIARIO

☐ ¿Yo mismo u otros hemos frenado prematuramente la presentación de **ideas** o el debate sobre estas?

Tóxicos

☐ ¿He **faltado al respeto** a alguno de los miembros del equipo al no reconocer sus aportaciones al proyecto, no prestando atención a sus ideas o no tratándolo como a un profesional digno de confianza?

☐ De algún modo, ¿he **desalentado** a algún miembro del equipo?

☐ ¿He **dejado de lado** a algún miembro del equipo que tuviera un problema personal o profesional?

☐ ¿Existe tensión o algún **antagonismo** entre los miembros del equipo, o entre ellos y yo?

Vida laboral interior

- ¿He apreciado algún indicio de la calidad de las vidas laborales interiores de mis empleados hoy?

  _____

  _____

- Percepciones del trabajo, el equipo, la gestión, la compañía

  _____

  _____

  _____

- Emociones

  _____

  _____

- Motivación

  _____

  _____

  _____

(continúa)

LISTA DE VERIFICACIÓN DEL PROGRESO DIARIO

- ¿Qué acontecimientos específicos pueden haber afectado a la vida laboral interior hoy?

  _____

  _____

Plan de acción

- ¿Qué puedo hacer mañana para reforzar los catalizadores y los reforzadores identificados y para crear los que faltan?

  _____

  _____

- ¿Qué puedo hacer mañana para empezar a eliminar los inhibidores y los tóxicos que he identificado?

  _____

  _____

  _____

5

Crear un rendimiento sostenible

Gretchen Spreitzer y Christine Porath

Cuando la economía va fatal, cuando los que tienen un trabajo se sienten afortunados (aunque no sea satisfactorio desde el punto de vista económico o intelectual), preocuparse de si tus empleados están felices o no puede parecer fuera de lugar. Pero, en nuestros estudios sobre qué hace que la fuerza laboral tenga sistemáticamente un rendimiento óptimo, hemos encontrado buenas razones para preocuparnos por ello: a largo plazo, los empleados felices producen más que los infelices. Van al trabajo de forma habitual, es menos probable que abandonen, hacen más de lo que sus obligaciones les marca y atraen a personas que están igual de comprometidas con su trabajo. Además, no son velocistas, más bien se parecen a los corredores de maratones, por lo del largo recorrido.

Entonces, ¿qué significa ser feliz en el trabajo? No tiene que ver con la *satisfacción*, que denota un grado de complacencia. Cuando nosotros y nuestros socios de investigación de la Ross School of Business Center for Positive Organizational Scholarship empezamos a indagar sobre los factores que contribuían a un rendimiento organizacional e individual sostenible, encontramos una palabra mejor: *prosperidad*.

Cuando pensamos en una fuerza laboral próspera, pensamos en empleados que, además de ser productivos y estar satisfechos, están comprometidos en crear el futuro: el de la compañía y el suyo propio. Los empleados prósperos son un poco inquietos: tienen mucha energía pero saben cómo evitar el agotamiento.

En distintas empresas y tipos de empleos, hemos visto que la gente que encaja en esta descripción de prosperidad muestra un rendimiento un 16% más alto que el promedio (tal como informaron sus supervisores) y un 125% menos de agotamiento que sus compañeros (según informaron ellos mismos). Estaban un 32% más comprometidos con la empresa y un 46% más satisfechos con sus empleos. Además, perdieron muchas menos horas de trabajo por asuntos propios y por enfermedad, lo que significa ahorros en tratamientos de salud y menos tiempo perdido para la compañía.

Hemos identificado dos componentes de la prosperidad. El primero es la *vitalidad*: el sentido de estar vivo, apasionado y emocionado. Los empleados que sienten esta vitalidad generan energía en ellos mismos y en los demás. Las compañías generan vitalidad dándole a la gente la sensación de que su trabajo diario resulta especial y marca una diferencia.

El segundo componente es el *aprendizaje*: el desarrollo que resulta de obtener nuevos conocimientos y habilidades. Aprender puede proporcionar una ventaja técnica y un estatus de experto. Aprender también puede activar un círculo virtuoso: la gente que desarrolla sus habilidades es más probable que confíe en que su potencial repercutirá en un futuro ascenso.

Las dos cualidades funcionan en sintonía: una sin la otra es improbable que sean sostenibles, y eso puede incluso perjudicar al rendimiento. Aprender, por ejemplo, crea un impulso durante un tiempo, pero sin pasión puede llevar al agotamiento. ¿Qué voy a hacer con lo que he aprendido? ¿Por qué debería quedarme en este empleo? La vitalidad sola, incluso cuando te encantan los elogios que consigues al obtener resultados, puede ser desalentadora: cuando el trabajo no te da oportunidades de aprender, es algo repetitivo, sucede lo mismo una y otra vez.

La combinación de vitalidad y aprendizaje sirve de guía a los empleados para que consigan resultados y encuentren formas de crecer. Su trabajo es gratificante no solo porque rinden lo que se espera de ellos hoy, sino porque tienen un sentido de hacia dónde van la compañía y ellos mismos. Consiguen prosperar en poco tiempo, y la energía que crean es contagiosa (ver más adelante «Sobre la investigación»).

SOBRE LA INVESTIGACIÓN

En los últimos siete años hemos estado investigando la naturaleza de la prosperidad en el lugar de trabajo y los factores que la estimulan y la inhiben.

En varios estudios realizados con nuestros colegas Cristina Gibson y Flannery Garnett, encuestamos y entrevistamos a más de 1.200 trabajadores manuales y no manuales de distintos sectores; entre otros, la educación secundaria, la atención sanitaria, servicios financieros, la industria marítima y la manufactura. También estudiamos las medidas que reflejaban la energía, el aprendizaje y el crecimiento, a partir de la información proporcionada por los empleados y los jefes; así como sus porcentajes de beneficios, su salud, su rendimiento general en el trabajo y sus comportamientos cívicos en la empresa.

(continúa)

SOBRE LA INVESTIGACIÓN

Desarrollamos una definición de prosperidad que divide el concepto en dos factores: *vitalidad*, en el sentido de que estás energizado y animado, y el *aprendizaje*, la obtención de nuevos conocimientos y habilidades.

Cuando se unen los dos factores, las estadísticas son sorprendentes. Por ejemplo, las personas con un grado elevado de energía y un alto nivel de aprendizaje fueron un 21% más eficaces como líderes que los que solo mostraban una energía elevada. Los resultados de una medida en particular (la salud) fueron incluso más extremos. Los que tenían un alto nivel de energía y bajo de aprendizaje tenían un 54% más de enfermedades que aquellos que habían dado resultados altos en ambos.

Cómo pueden las organizaciones ayudar a que sus empleados prosperen

Algunos empleados prosperan en cualquier contexto. Generan vitalidad y aprendizaje de forma natural en sus empleos e inspiran a la gente de su alrededor.

Un jefe de contratación inteligente busca a ese tipo de personas. Pero muchos empleados están influidos por su entorno. Incluso aquellos predispuestos a progresar pueden rendirse ante la presión. La buena noticia es que (sin medidas heroicas o inversiones financieras importantes) los líderes y los directivos pueden poner en marcha una cultura que anime a los empleados a progresar. Es decir, los directivos pueden superar las inercias empresariales y lograr promover el desarrollo y la productividad que de ello derivan (en algunos casos, con un cambio relativamente modesto en la atención).

Lo ideal sería dirigir a una plantilla cuya fuerza laboral prosperara de forma natural; pero, por si acaso, se pueden hacer muchas cosas para potenciar y mantener el entusiasmo. Nuestra investigación ha descubierto cuatro mecanismos que crean las condiciones idóneas para que los trabajadores prosperen: proporcionarles capacidad de toma de decisiones, compartir información con ellos, minimizar las actitudes arrogantes y ofrecerles un *feedback* sobre sus rendimientos. De algún modo, todos estos mecanismos se solapan entre sí. Por ejemplo, si dejas a la gente que tome decisiones pero no les das toda la información, o les dejas expuestos a reacciones hostiles, en lugar de prosperar, sufrirán. Un mecanismo solo te dejará fuera de juego, pero son necesarios los cuatro para crear una cultura de la prosperidad. Vamos a examinarlos de uno en uno.

Proporcionar capacidad de toma de decisiones

Los empleados de cualquier nivel se energizan cuando se les permite tomar decisiones. Fortalecerlos de esta forma les da mayor sensación de control, más oportunidades para opinar sobre cómo se han de hacer las cosas y más posibilidades de aprender.

Las compañías aéreas son un sector que puede parecer el menos adecuado para encontrar oportunidades que permitan delegar la toma de decisiones en manos de los empleados, pero una compañía que hemos estudiado, Alaska Airlines, creó una cultura de empoderamiento que ha contribuido a un cambio importante en la última década. A principios de los 2000, los números de la aerolínea estaban cayendo, por lo que los directivos sénior lanzaron el Plan 2010, que explícitamente invitaba a sus empleados a participar en las decisiones para mejorar el servicio, a la vez que mantenían la reputación por sus salidas puntuales. Se pidió al personal que se replantearan el concepto que tenían de un «buen servicio» y que buscasen nuevos modos de colaboración e ideas para convertir un buen servicio en un «inmejorable servicio». De este modo, los agentes adoptaron el programa que, por ejemplo, les daba libertad para proporcionar soluciones a aquellos clientes que habían perdido el vuelo. Ron Calvin, el director de la zona oriental, nos contó una llamada que recientemente había recibido en su móvil de un cliente con quien no se había visto ni hablado desde que trabajaba en el aeropuerto de Seattle, cinco años atrás. El cliente tenía un nieto de tres meses que acaba de sufrir un ataque al corazón. Los abuelos estaban intentando regresar a Seatle desde Honolulu. Todo estaba ocupado. Ron hizo unas llamadas y consiguió que embarcaran en un vuelo inmediato. Ese día, el abuelo envió a Ron un mensaje diciéndole, simplemente: «Hemos llegado».

Esfuerzos como este, para satisfacer las necesidades individuales de los clientes sin por ello retrasar los vuelos, han llevado a la aerolínea a obtener una calificación número uno por su puntualidad y a llenar sus maletas de trofeos. La aerolínea también se ha expandido considerablemente a nuevos mercados, incluyendo Hawái, el Oriente Medio y la Costa Este.

La de Southwest es una historia más famosa, en gran medida por su reputación de tener una cultura corporativa divertida y solidaria. Sus azafatos a menudo cantan apasionadamente, bromean y entretienen a los clientes. También irradian energía y pasión por aprender. Uno de ellos decidió un día explicar las instrucciones de seguridad de antes del vuelo en formato rap. Le motivaba poner en práctica su talento en el trabajo, y a los pasajeros les encantó, llegando a reconocer que había sido la primera vez habían prestado atención a esas instrucciones.

En Facebook, la libertad para tomar decisiones es fundamental dentro de la cultura corporativa de la compañía. Un empleado publicó una nota en la web expresando su sorpresa y placer ante el lema de la compañía: «Avanza rápido y rompe cosas», que anima a los empleados a tomar decisiones y actuar. En su segundo día de trabajo, encontró la solución a un complicado error. Esperaba algún tipo de revisión jerárquica, pero su jefe, el vicepresidente de producto, solo sonrió y dijo: «Envíalo». Se maravilló de que, tan pronto como él había encontrado una solución, instantáneamente, esta llegaba a millones de personas.

El desafío para los directivos consiste en evitar rebajar el empoderamiento cuando la gente comete errores. Esas situaciones crean las mejores condiciones para aprender, no solo para las partes afectadas sino también para otros, que pueden aprender indirectamente.

Compartir la información

Hacer tu trabajo en un vacío de información resulta aburrido y desmoralizador; no hay razón para buscar soluciones innovadoras si no consigues ser testigo de su repercusión. Las personas pueden contribuir más eficazmente cuando entienden cómo su trabajo encaja con la meta que se persigue y con la estrategia de la empresa.

Alaska Airlines ha decidido invertir tiempo de gestión en ayudar a sus empleados a que dispongan de una visión general de la estrategia de la compañía. El Plan 2010 se lanzó a través de los canales de comunicación habituales, pero también mediante un programa itinerante que duró meses, con conferencias diseñadas para ayudar a los empleados a que compartieran sus ideas. El director ejecutivo, el presidente y el jefe de operaciones siguen viajando cada trimestre para obtener información sobre las particularidades de los diferentes mercados; luego explican lo que han aprendido. Los beneficios se muestran en las medidas anuales del orgullo de los empleados de la compañía, que ahora sobrepasa las expectativas en un 90%.

En Zingerman's (una comunidad de negocios relacionados con la alimentación que ha trabajado estrechamente con Wayne Baker, un colega nuestro del Center for Positive Organizational Scholarship, en la ciudad de Ann Arbor en Michigan), la información es lo más transparente posible. La organización nunca ha ocultado sus números (los datos financieros se cuelgan en un tablón para que los empleados los vean) pero, cuando los cofundadores Ari Weinzweig y Paul Saginaw estudiaron gestión del libro abierto (*open book management,* OBM) a mediados de la década de los noventa, pensaron que los empleados mostrarían más interés si les implicaban en el «juego».

La implementación de una política de libro abierto más formal y significativa no fue fácil. La gente tenía acceso a los números, pero tenían muy pocas razones para que les importaran y, además, no obtenían demasiada información sobre la relación de esos datos con su trabajo diario. Durante los primeros cinco o seis años, la compañía estuvo luchando para introducir el concepto en sus sistemas y rutinas y para hacer que la gente entendiera lo que Baker llama «el rigor de la charla»: reuniones semanales alrededor de una pizarra blanca en la que los equipos revisan sus resultados, «registran la puntuación» y prevén los resultados de la semana siguiente. Aunque los empleados entendieron las reglas de la gestión de libro abierto, al principio no veían el sentido de añadir una reunión más a sus ocupadas agendas. No fue hasta que los altos directivos decidieron que las reuniones eran innegociables que los empleados entendieron el verdadero propósito de las pizarras blancas: no solo mostraban cifras financieras, sino también medidas de calidad alimentaria y de servicio, la comprobación de los promedios, las cifras de satisfacción interna y «diversión», que podía significar cualquier cosa (desde las competiciones semanales, pasando por las valoraciones de satisfacción de los clientes, hasta las ideas de los empleados para innovar).

Algunos de los negocios de Zingerman's empezaron a poner en marcha minijuegos: incentivos a corto plazo para detectar un problema o aprovechar una oportunidad. Por ejemplo, el equipo del restaurante Zingerman's Roadhouse usaba el «juego de la bienvenida» para ver cuánto se tardaba en ir a saludar a un cliente después de que este se sentara a la mesa. Los clientes a los que no se daba la bienvenida expresaban menos satisfacción en sus valoraciones, así que los empleados con frecuencia tenían que entregarles vales de compra para compensar los lapsos del servicio. Este juego retaba al equipo para que recibiera a cada cliente antes de cinco minutos después que se sentaran, recompensándoles con una modesta retribución por cada 50 días seguidos de éxito. Esto inspiró a los trabajadores para descubrir rápidamente los defectos en el proceso de atención al cliente y subsanarlos. La puntuación del servicio mejoró considerablemente en el transcurso de un mes. Otro negocio de Zingerman's propuso juegos parecidos, con incentivos para lograr un reparto más rápido, para que ocurrieran menos cortes accidentales en la panadería (lo que redujo los costes del seguro) y para que las cocinas estuvieran más limpias.

Naturalmente, los juegos también han abierto algunas tensiones internas al mezclar las buenas noticias con las malas, lo que puede ser desmoralizante. Pero, en general, en gran medida han incrementado el sentido de propiedad de su trabajo de los empleados, contribuyendo a un mejor rendimiento. De 2000 a 2010, la facturación de Zingerman's aumentó casi un 300%, más de 35 millones de dólares. Los líderes de la compañía consideran que la gestión de libro abierto ha sido un factor clave en ese éxito.

Hay anécdotas sencillas que dan credibilidad a esa afirmación. Por ejemplo, hace un par de años asistimos a una charla de Ari Weinzweig en Roadhouse. Uno de los presentes le preguntó si era realista esperar de un camarero o incluso de un ayudante de camarero que entendiera la estrategia y las finanzas de la compañía. Como respuesta, Ari se giró hacia un camarero, ajeno a la conversación: ¿Compartiría la mente de un adolescente la visión de Zingerman's y sería capaz de decir en qué medida el restaurante estaba cumpliendo sus objetivos semanales?

Sin parpadear, con sus propias palabras el camarero enunció la visión de la compañía y luego describió los resultados obtenidos durante esa semana en lo relativo a las «comidas devueltas a la cocina».

Aunque Zingerman's es un negocio bastante pequeño, otros mucho más grandes (como Whole Foods y la compañía de transportes YRC Worldwide) también han adoptado la gestión de libro abierto. Los sistemas que comparten la información de forma general ofrecen confianza y proporcionan a los empleados el conocimiento que necesitan para tomar buenas decisiones y emprender iniciativas con seguridad.

Minimizar las actitudes arrogantes

El coste de la arrogancia es enorme. En la investigación que realizamos con Christine Pearson, una profesora de la Arizona State University's Thunderbird School of Global Management, descubrimos que la mitad de los empleados que habían sufrido algún tipo de conducta grosera por parte de otros en el trabajo redujeron sus esfuerzos intencionadamente. Más de un tercio restringió deliberadamente la calidad de su trabajo. Dos tercios pasaron un montón de tiempo evitando a la persona que les había ofendido, y más o menos el mismo número dijo que su rendimiento había disminuido.

La mayoría de las personas han vivido alguna conducta irrespetuosa en el trabajo. Aquí van algunas frases de nuestra investigación:

«Mi jefe me pidió que preparara un análisis. Era mi primer proyecto y no me dio ninguna instrucción ni ejemplo. Me dijo que el encargo era una mierda».

«Mi jefe me dijo: "si quisiera saber lo que piensas, te lo habría preguntado"».

«Mi jefe me vio quitar un clip de algunos documentos y tirarlo a la papelera. Frente a mis doce subordinados, me recriminó por desperdiciar el material y me hizo sacarlo de la papelera».

«A través del manos libres, delante de mis compañeros, mi jefe me dijo que había hecho un trabajo "de jardín de infancia"».

Hemos oído cientos de anécdotas de este tipo y resultan tristemente familiares para la mayoría de personas que trabajan. Pero no hemos oído tanto sobre los costes que estas actitudes conllevan.

Las faltas de respeto evitan que la gente progrese. Quienes han sido objeto de malas conductas a menudo son, a su vez, irrespetuosos: sabotean a sus iguales. Se «olvidan» de copiar a sus compañeros en las circulares. Difunden chismes para desviar la atención. Cuando se enfrentan a las faltas de respeto, los empleados tienen más probabilidades de reducir su foco para evitar riesgos y pierden oportunidades de aprender en el proceso. Una firma de consultoría que estudiamos, Caiman Consulting, se fundó como alternativa a las firmas más grandes. Con oficinas centrales en Redmon (Washington), en una sede que no es particularmente elegante, es una empresa reconocida por su cultura del respeto. Las verificaciones de antecedentes en su proceso de contratación incluyen el historial de civismo de un candidato.

«La gente deja huella», dice el director de Caiman, Greg Long. «Puedes salvarte de una cultura corrosiva siendo cuidadoso y concienzudo». El director ejecutivo, Raazi Imam, nos dijo: «No tolero que nadie amoneste o falte al respeto a alguien». Cuando ocurre, se lleva al infractor aparte para dejarle clara la política de la compañía. Long estima que el 95% de los empleados se mantienen fieles a la cultura de la compañía.

Caiman descarta a candidatos altamente cualificados que no encajan con esa cultura. También tiene una lista de consultores que serían buenos candidatos cuando se presente la oportunidad. La directora de recursos humanos, Meg Clara, establece que los principales criterios de selección serán unas sólidas habilidades interpersonales y la inteligencia emocional.

En Caiman, como en todas las compañías, son los directivos quienes marcan el tono en lo referente al civismo. A veces, con solo un mal jugador se puede ir al traste toda una cultura. Un joven directivo nos habló de su jefe, un ejecutivo que tenía la costumbre de dar gritos en su oficina (¡Te has equivocado!) por descuidos tan pequeños como una errata tipográfica. Su voz resonaba en toda la planta, haciendo que todos se encogieran y que el receptor de la bronca se sintiera tremendamente avergonzado. Después, los compañeros se reunían en las zonas comunes para tomar café y comentaban lo sucedido. Alguien con información nos contó que esas conversaciones no se centraban en cómo progresar en la compañía o aprender a soportar la situación reduciendo tu susceptibilidad, sino en sobre cómo devolvérsela y escapar.

En nuestra investigación, nos sorprendió observar que pocas empresas consideran el respeto (o la falta de respeto) cuando evalúan a los candidatos. La cultura corporativa es inherentemente contagiosa; los empleados se contagian de su ambiente. En otras palabras, si contratas a personas respetuosas, es más probable que el respeto se reproduzca en tu cultura (ver más adelante «Estrategias individuales para prosperar»).

Ofrecer un *feedback* sobre el rendimiento

El *feedback* crea oportunidades para el aprendizaje y la energía, tan importantes para la cultura de la prosperidad. Al resolver los sentimientos de inseguridad, mediante el *feedback* se consigue que la gente en el

ESTRATEGIAS INDIVIDUALES PARA PROSPERAR

A pesar de que las organizaciones se benefician cuando permiten que sus empleados prosperen, los líderes están tan ocupados que la atención a esta importante tarea puede olvidarse. Sin embargo, cualquiera puede adoptar estrategias para mejorar su aprendizaje y vitalidad sin recibir el apoyo de la organización. Y puesto que la prosperidad puede ser contagiosa, conseguirás darte cuenta de que tus ideas se extienden rápidamente.

Tómate un descanso

La investigación de Jim Loehr y Tony Schwartz ha demostrado que los descansos y otras tácticas que permiten renovarse, no importa lo pequeñas que sean, pueden crear energía positiva.

(continúa)

ESTRATEGIAS INDIVIDUALES PARA PROSPERAR

En nuestras clases, dejamos que los estudiantes programen descansos regulares y actividades para asegurarnos de que mantienen un buen nivel de energía. Durante un trimestre, los estudiantes decidieron parar a mitad de clase durante dos minutos para levantarse y hacer algo activo. Cada semana, un grupo diferente de cuatro personas diseñaba una actividad breve (ver un vídeo divertido en YouTube, hacer un paso de baile o jugar una partida de algún juego). El objetivo es que los estudiantes descubran qué es lo que les carga las pilas y que lo compartan con la clase.

Incluso si tu organización no ofrece mecanismos formales para renovarse, casi siempre es posible programar un paseo corto, una vuelta en bici o una comida rápida en el parque. Algunas personas incluso lo apuntan en sus agendas para que las reuniones no interfieran en ese momento.

Haz que tu trabajo adquiera más significado

No puedes ignorar los requerimientos de tu trabajo, pero puedes buscar oportunidades para que tenga más sentido. Es el caso de Tina, administradora de personal de un laboratorio de ideas dentro de una gran organización. Cuando su jefe se tomó una excedencia de seis meses, Tina necesitaba encontrar un nuevo proyecto a corto plazo. Buscando descubrió una iniciativa incipiente para desarrollar la habilidad del personal para comunicar sus ideas a la organización. El proyecto necesitaba un espíritu innovador para arrancar. La compensación económica era menor, pero la naturaleza del trabajo cargó de energía a Tina. Cuando su jefe regresó, ella renegoció las condiciones de su empleo en el laboratorio de ideas para que ocupara solo el 80% de su tiempo, y poder disponer del resto del tiempo para el proyecto de desarrollo del personal.

(continúa)

ESTRATEGIAS INDIVIDUALES PARA PROSPERAR

Busca oportunidades para innovar y aprender

Romper con el *statu quo* puede ser el desencadenante del aprendizaje, tan esencial para avanzar. Roger llevaba miles de ideas innovadoras cuando se convirtió en director de un prestigioso instituto en el Midwest. Sin embargo, rápidamente confirmó de que algunos de los miembros del equipo no estaban abiertos a nuevas formas de hacer las cosas.

Escuchó atentamente sus preocupaciones y trató de convencerlos, pero invirtió la mayor parte de su esfuerzo en el crecimiento y el aprendizaje de aquellos de su equipo que compartían con él la pasión por las ideas innovadoras. Aconsejándoles y animándoles, Roger empezó a lograr pequeñas victorias, y sus iniciativas ganaron algún impulso. Algunos de los que se resistían acabaron dejando la escuela y otros cambiaron de actitud cuando vieron los logros, tan positivos, obtenidos. Al centrarse en los aspectos más valiosos, en lugar de hacerlo en los focos de resistencia, Roger consiguió promover la energía necesaria que está impulsando a la escuela hacia un futuro radicalmente diferente.

Invierte en las relaciones que te carguen de energía positiva

Todos tenemos a compañeros que tal vez son brillantes, pero con quienes resulta difícil y corrosivo trabajar. Los individuos que prosperan buscan oportunidades de trabajar codo con codo con compañeros que desprenden energía positiva y que minimizan la interacción con los que la reducen. De hecho, cuando seleccionamos al equipo para nuestro estudio sobre la prosperidad, escogimos a compañeros con los que disfrutábamos, que nos cargaban las pilas, con quienes teníamos ganas de pasar el tiempo y de quienes sabíamos que podíamos aprender. Intentamos construir

(continúa)

137

buenas relaciones empezando cada reunión con noticias positivas o con expresiones de agradecimiento.

Reconoce que la prosperidad puede extenderse fuera de la oficina

Existen evidencias de que los niveles elevados de implicación en el trabajo no reducen tu capacidad de prosperar en tu vida personal; al contrario, pueden mejorarla. Cuando una trabajadora del equipo (Gretchen) estaba asimilando el difícil diagnóstico médico de su marido, descubrió que su trabajo, aunque le exigía mucho, le daba la energía que necesitaba para desarrollarse profesionalmente y en su vida familiar. Prosperar no es un juego de suma cero. Las personas que se sienten cargadas de energía positiva en el trabajo a menudo llevan esa energía a otros aspectos de sus vidas. Y las personas inspiradas por otras actividades (voluntariado, entrenar para una carrera, tomar algunas clases) pueden trasladar su motivación a la oficina.

trabajo esté centrada en sus actividades y objetivos, personales y empresariales. Cuando más directo y rápido sea el *feedback*, más útil resulta.

Las reuniones de Zingerman's mencionadas antes son una herramienta para compartir información casi en tiempo real sobre el rendimiento individual y del negocio. Los líderes explican los altibajos diarios en la pizarra, y se espera de los empleados que hagan suyos los números y que propongan ideas para reencaminarlos cuando sea necesario. Las reuniones incluyen también «códigos rojos» y «códigos verdes», que documentan las quejas y los elogios de los clientes; de modo que todos los empleados puedan aprender y crecer con este *feedback* tangible e inmediato.

Quicken Loans, una compañía financiera especializada en hipotecas, mide y recompensa el rendimiento de sus empleados como ninguna otra organización, y les ofrece continuamente un *feedback* actualizado usando dos tipos de paneles de instrumentos: un boletín informativo y una tabla kanban (*kanban* es una palabra japonesa que significa «señal», se usa con frecuencia en operaciones).

El boletín informativo tiene varios paneles que muestran las métricas de grupo e individuales, junto con datos que muestran la probabilidad del empleado de alcanzar sus objetivos diarios.

La gente está conectada para responder a las puntuaciones y a los objetivos, para que las métricas les ayuden a mantenerse enérgicos durante el día; esencialmente están compitiendo contra sus propios números.

El panel kanban permite a los directivos seguir el rendimiento de la gente para saber si un empleado o un equipo necesita *coaching* u otro tipo de ayuda. También se muestra una versión del panel kanban en los monitores, con una lista rotatoria de los quince mejores vendedores para cada métrica. Los empleados están constantemente en competición cn los paneles, que son casi como la clasificación por puntos de un videojuego. Los empleados pueden sentirse sobrepasados o incluso agobiados por la naturaleza constante del *feedback*. En cambio, en este caso, las estrictas normas de cortesía y respeto de la compañía y su disponibilidad a que los empleados expliquen cómo hacen su trabajo crea un contexto en el que el *feedback* es revitalizante y promueve la prosperidad de la empresa.

La compañía global O'Melveny & Myers considera muy positivo el uso de las evaluaciones de 360 grados para ayudar a los trabajadores a desarrollarse. El *feedback* no es concluyente y se resume, en lugar de compartirse literalmente; lo que induce un 97% de tasa de respuesta. Carla Christofferson, socia ejecutiva de las oficinas de Los Ángeles, aprendió de su evaluación que la gente veía que su conducta era incoherente con el compromiso enunciado por la compañía (equilibrio entre la vida personal y trabajo), lo que causaba estrés a algunos empleados. Empezó entonces a pasar más tiempo fuera de la oficina y a limitar el trabajo de fin de semana a cosas que podía hacer en casa. Se convirtió en un modelo de equilibrio entre trabajo y vida personal; lo que ayudó a eliminar la preocupación de los empleados que deseaban tener una vida fuera del trabajo.

Los cuatro mecanismos que ayudan a los empleados a prosperar no requieren enormes esfuerzos o inversiones. Lo que efectivamente necesitan son líderes que estén dispuestos a empoderar a los empleados y que marquen las pautas. Como hemos dicho antes, cada mecanismo proporciona un ángulo diferente que es necesario para prosperar. No se puede escoger solamente uno o dos del menú; los mecanismos se refuerzan entre ellos. Por ejemplo, ¿es posible que la gente se sienta cómoda tomando decisiones si carecen de información fiable sobre los números de cada momento? ¿Pueden tomar decisiones eficaces si temen ser ridiculizados?

Crear las condiciones para progresar requiere una visión y atención global. Ayudar a la gente a desarrollarse y mantenerse implicada en su trabajo es valioso por sus propios méritos, pero también puede mejorar el rendimiento de tu compañía de un modo sostenible.

GRETCHEN SPREITZER es profesora de Administración de Empresas en la Cátedra Keith E. y Valerie J. Alessi de la Ross School of Business de la University of Michigan, donde es miembro principal de la facultad en el Center for Positive Organizations. CHRISTINE PORATH es profesora asociada de gestión en la Georgetown University, autora de *Mastering Civility: A Manifesto for the Workplace* (Grand Central Publishing, 2016), y coautora de *The Cost of Bad Behavior* (Portfolio, 2009).

Reproducido de *Harvard Business Review*, enero-febrero de 2012 (producto #R1201F).

6

La investigación que hemos ignorado sobre la felicidad en el trabajo

André Spicer y Carl Cederström

Recientemente, hemos asistido a seminarios motivacionales en nuestros respectivos lugares de trabajo. En ambos eventos se predicaba el mensaje de la felicidad. En uno de ellos, el conferenciante explicó que la felicidad puede hacer que estés más sano, seas más amable, más productivo e incluso que tengas más probabilidades de que te promocionen.

En el otro seminario tuvimos que bailar con un estilo «descontrolado». Se suponía que eso nos llenaría de alegría. También provocó que uno de nosotros se escapara y fuera a refugiarse en el baño más cercano.

Desde que un grupo de científicos encendió y apagó las luces en la factoría Hawthorne a mediados de la década de 1920, académicos y ejecutivos han estado igualmente obsesionados con aumentar el rendimiento de sus empleados. En particular, la idea de la felicidad como estímulo de la productividad parece haber ganado fuerza en los círculos corporativos últimamente.[1] Las compañías gastan dinero en *coaches* para la felicidad, en ejercicios para fomentar el espíritu de grupo (*team-building*), en juegos, *funsultores* (consultores contratados para llevar la felicidad a la empresa) y en directores de la felicidad (sí, puedes encontrarlo en Google). Estas actividades y estos títulos pueden parecer divertidos o incluso raros, pero las compañías se lo están tomando muy en serio. ¿Deberían hacerlo?

Cuando examinas con detalle las investigaciones (lo hicimos antes del incidente del baile en el seminario) no está claro que potenciar la felicidad en el trabajo sea siempre una buena idea.

Por supuesto, hay evidencias que sugieren que los empleados felices son menos proclives a abandonar, es más probable que satisfagan a los clientes, y son más prudentes y están más predispuestos a las conductas respetuosas.[2] Sin embargo, también obtuvimos resultados alternativos según los cuales algunas de las ideas que se dan por sentadas sobre lo que la felicidad puede aportar en el lugar de trabajo son simples mitos.

Para empezar, en realidad no sabemos qué es la felicidad ni cómo medirla. Medir la felicidad es más o menos tan fácil como medir la temperatura del alma o determinar el color exacto del amor. Como el historiador Darrin M. McMahon muestra en su revelador libro, *Happiness: A history*, desde el siglo VI a.C., cuando se dice que Creso ironizó: «Nadie que esté vivo es feliz», este concepto resbaladizo ha servido para representar todo tipo de conceptos, desde el placer y la alegría a la plenitud y la satisfacción. Ser feliz en el momento, dijo Samuel Johnson, es algo que solo se consigue bebiendo.[3] Para Jean-Jacques Rousseau, la felicidad era estar tumbado en un barco, a la deriva, sin rumbo, como un Dios (esta definición no acaba de encajar con lo que entendemos por productividad). Hay otras definiciones de felicidad, pero no son ni más ni menos creíbles que la de Johnson o la de Rousseau.

Y solo porque tengamos tecnologías más avanzadas no significa que actualmente estemos más cerca de encontrar una definición, como nos recuerda Will Davies en su libro *La industria de la felicidad*.[4] El autor concluye que, aunque hayamos desarrollado técnicas avanzadas para medir nuestras emociones y predecir nuestras conductas, también hemos adoptado unas nociones cada vez más simples de lo que significa ser humano, por no hablar de lo que significa ser feliz. Un punto que se ilumina en un escáner cerebral, por ejemplo, parece querer decirnos algo concreto sobre una emoción imprecisa, cuando realmente no nos está diciendo nada.

La felicidad no necesariamente conduce a una mayor productividad. Algunas investigaciones muestran resultados contradictorios sobre la correlación entre felicidad (que a menudo se define como «satisfacción con el propio empleo») y productividad.[5] Un estudio realizado en supermercados británicos incluso sugiere que puede haber una correlación negativa entre satisfacción con el empleo y productividad corporativa: cuanto más deprimidos se sentían los empleados, mayores eran los beneficios.[6] En cualquier caso, otros estudios apuntaban en la dirección opuesta, argumentando que existe una relación entre sentirse satisfecho con el trabajo y ser productivo. Pero incluso esos estudios, cuando se consideran en su conjunto, muestran una correlación relativamente débil.

La felicidad también puede ser agotadora. Quizá no logremos encontrarla, pero buscarla no duele, ¿verdad? Mentira. Desde el siglo XVIII, la exigencia de ser feliz acarrea una pesada carga, al tratarse de una responsabilidad que nunca puede satisfacerse del todo. En realidad, nuestra obsesión por la felicidad puede hacernos sentir infelices.

Un experimento psicológico reciente lo demostró.[7] Los investigadores pidieron a los sujetos del estudio que viesen una película que seguramente les haría felices: un *skater* ganando una medalla. Pero, antes de que vieran la grabación, se pidió a la mitad del grupo que leyese en voz alta un texto sobre la importancia de la felicidad en la vida. La otra mitad no lo leyó.

Los analistas se sorprendieron al descubrir que quienes habían leído el texto en realidad estaban menos felices después de ver la película. Básicamente, cuando la felicidad se convierte en una obligación, puede hacer que la gente se sienta peor si no la consigue.

Esto es especialmente problemático en la época actual, en la que se predica la felicidad como una obligación moral.[8] Como dice el filósofo francés Pascal Bruckner: «La infelicidad no es solo infelicidad; se trata de algo peor: de un fracaso por no ser feliz».[9]

La felicidad no necesariamente te ayuda a pasar el día de trabajo. Si tienes un trabajo de atención al cliente, en un centro de llamadas o en un restaurante de comida rápida, sabes que estar alegre no es una opción, es obligatorio. Y, a pesar de lo cansado que pueda llegar a ser, tiene todo el sentido cuando trabajas de cara al público.

Pero hoy en día, a muchos de los empleados cuyo trabajo no implica la atención directa a los clientes, también se les pide que estén contentos. Esto puede tener algunas consecuencias imprevistas. Un estudio observó que las personas que tenían un buen estado de ánimo encajaban peor los acontecimientos negativos que quienes tenían un peor estado de ánimo.[10] Otra investigación descubrió que las personas que estaban enfadadas durante una negociación consiguieron mejores resultados que las personas que se sentían felices.[11] Esto sugiere que ser feliz puede no ser bueno para todos los aspectos de nuestro trabajo o para los trabajos que en gran medida dependen de ciertas habilidades. De hecho, en algunos casos, la felicidad puede hacer que nuestro rendimiento disminuya.

La felicidad puede dañar la relación con nuestro jefe. Si creemos que encontraremos la felicidad en el trabajo, podemos, en algunos casos, empezar a confundir a nuestro jefe con un sustituto de nuestro padre o nuestra pareja. En un estudio llevado a cabo en una compañía del sector de los medios de comunicación, la investigadora Susanne Ekmann descubrió que los que esperaban que el trabajo les hiciera felices, a menudo, presentaban carencias emocionales.[12] Querían que sus directivos les proporcionaran un flujo constante de reconocimiento y tranquilidad emocional. Y, cuando no recibían la respuesta emocional esperada (que fue a menudo), estos empleados se sentían abandonados y empezaron a reaccionar de forma desproporcionada. Incluso interpretaban pequeños reveses como una señal de rechazo de sus jefes. Así que, en muchos sentidos, esperar que un jefe aporte felicidad a nuestra vida nos hace emocionalmente vulnerables. La felicidad también puede dañar tus relaciones con los amigos y la familia. En su libro *Intimidades congeladas*, Eva Illouz señala un extraño efecto secundario en la gente que trata de vivir más emocionalmente en el trabajo: empezaron a enfocar sus vidas privadas como si de tareas laborables se tratara.[13] Las personas con las que habló veían sus vidas personales como algo que necesitaba ser cuidadosamente administrado con distintas herramientas y técnicas que habían aprendido en la vida corporativa.

Como resultado, sus vidas domésticas se volvieron progresivamente frías y calculadas. Entonces, no es de extrañar que muchas de las personas con las que la autora habló prefirieran pasar más tiempo en el trabajo que en casa.

La felicidad puede hacer que perder nuestro trabajo sea mucho más devastador. Cuando esperamos que nuestro empleo proporcione felicidad y sentido a nuestras vidas, nos volvemos peligrosamente dependientes de él. Al estudiar a profesionales, el profesor de sociología Richard Sennet notó que aquellos que veían en su jefe a un líder que dotaba de sentido a su vida personal eran quienes se quedaban más afectados cuando se les despedía.[14] Cuando estas personas perdieron sus trabajos, no perdieron solo una fuente de ingresos, estaban perdiendo la promesa de la felicidad. Esto hace pensar que, cuando vemos nuestro trabajo como una importante fuente de felicidad, nos convertimos a nosotros mismos en personas emocionalmente vulnerables, especialmente durante los períodos de cambio. En una era de constantes restructuraciones corporativas, esto puede ser peligroso.

La felicidad también puede hacerte egoísta. Ser feliz te hace mejor persona, ¿verdad? No es así, según una interesante investigación.[15] En este estudio, se repartieron décimos de lotería entre los participantes y se les dio a escoger cuántos querían dar a los demás y cuántos querían quedarse para ellos. Los que presentaban un buen estado de ánimo acabaron quedándose más décimos para ellos. Esto demuestra que, al menos en ciertas circunstancias, ser feliz no implica necesariamente ser generoso. De hecho, puede ocurrir justamente lo contrario.

Por último, la felicidad también puede aislarte. En un experimento, los psicólogos pidieron a varias personas que escribieran un diario detallado durante dos semanas. Al final del estudio descubrieron que los que valoraban mucho la felicidad eran más solitarios que los que la valoraban menos.[16] Parece que centrarse demasiado en la búsqueda de la felicidad puede hacer que nos sintamos desconectados de los demás.

Entonces, ¿por qué continuamos manteniendo la creencia de que la felicidad puede mejorar nuestro trabajo a pesar de todas estas evidencias contrarias? La respuesta, según un estudio, tiene su razón de ser en la estética y la ideología. La felicidad es una idea que conviene y que queda bien sobre el papel (la parte estética). Pero también es una idea que nos ayuda a evitar problemas más serios en el trabajo, como los conflictos y la política laboral (la parte ideológica).[17]

Cuando asumimos que los trabajadores felices son mejores trabajadores, podemos estar ocultando debajo de la alfombra cuestiones más incómodas, especialmente porque la felicidad a menudo se ve como una elección. Se convierte en una forma conveniente de lidiar con las actitudes negativas, los aguafiestas, los egoístas empedernidos y otras personalidades indeseables que acostumbran a coexistir en el entorno corporativo. Invocar a la felicidad, con toda su ambigüedad, es una excelente manera de escurrir el bulto respecto a las consecuencias que se derivan de decisiones polémicas, como dejar que la gente se vaya. Como Barbara Ehrenreich apunta en su libro *Bright-Sided*, los mensajes positivos sobre la felicidad están siendo particularmente populares en tiempos de crisis y de despidos masivos.

Ante estos posibles problemas, creemos que es importante reconsiderar nuestras expectativas de que el trabajo siempre debería hacernos felices. Puede ser agotador, puede hacernos exagerar, despojar de significado nuestra vida personal, acentuar nuestra vulnerabilidad y hacernos sentir más crédulos, egoístas y solitarios. Lo más sorprendente es que perseguir de forma consciente la felicidad en realidad puede despojarnos del sentido de alegría que, por lo general, obtenemos de las cosas realmente buenas de la vida.

En realidad, el trabajo, como todos los demás aspectos de la vida, probablemente puede hacernos sentir una gama de emociones distintas. Si tu trabajo es deprimente y no tiene sentido para ti, puede que sea porque realmente es deprimente y carente de sentido. Pretender lo contrario solo conseguirá empeorarlo. Por supuesto, la felicidad es una experiencia

genial, pero no podemos exigírsela a la vida. Posible-
mente, cuanto menos activamente la busquemos en
nuestros trabajos, más probable será que vivamos
una sensación de alegría; una alegría espontánea y
placentera, más que una artificial y opresiva. Pero lo
más importante: estaremos mejor preparados para
emprender nuestro trabajo de una forma serena.
Para contemplarlo tal y como es, y no como nosotros
(tanto si somos ejecutivos, empleados o líderes de seminarios motivacionales con baile incluido) preten-
demos que sea.

ANDRÉ SPICER es profesor de conducta organizacional en
la Cass Business School en Londres. CARL CEDERSTRÖM es
profesor asociado de teoría de la organización en la Stockholm
University. Los dos son autores de *The Wellness Syndrome*
(Polity 2015).

Notas

1. C. D. Fisher. «Happiness at Work», *International Journal of Management Reviews* 12, n.º 4 (diciembre de 2010):
   384-412.
2. Ibid.

3. D. M. McMahon. *Una historia de la felicidad* (Madrid: Taurus, 2006).

4. Davies, W. *La industria de la felicidad: Cómo el gobierno y las grandes empresas nos vendieron el bienestar* (Barcelona: Malpaso, 2016).

5. Fisher. «Happiness at Work».

6. D. M. McMahon. *Una historia de la felicidad* (Madrid: Taurus, 2006).

7. I. B. Mauss et al. «Can Seeking Happiness Make People Happy? Paradoxical Effects of Valuing Happiness», *Emotion* 11, n.º 4 (agosto de 2011): 807-815.

8. P. Bruckner. *Perpetual Euphoria: On the Duty to Be Happy*, tr. Steven Rendall (Princeton, New Jersey: Princeton University Press, 2011).

9. Ibid, 5.

10. J. P. Forgas y R. East. «On Being Happy and Gullible: Mood Effects on Skepticism and the Detection of Deception», *Journal of Experimental Social Psychology* 44 (2008): 1362-1367.

11. G. A. van Kleef et al. «The Interpersonal Effects of Anger and Happiness in Negotiations», *Journal of Personality and Social Psychology* 86, n.º 1 (2004): 57-76.

12. S. Ekman. «Fantasies About Work as Limitless Potential—How Managers and Employees Seduce Each Other through Dynamics of Mutual Recognition», *Human Relations* 66, n.º 9 (diciembre de 2012): 1159-1181.

13. Illouz, E. *Intimidades congeladas: Las emociones en el capitalismo* (Buenos Aires: Katz, 2012).

14. R. Sennett. *The Corrosion of Character: The Personal Consequences of Work in New Capitalism* (New York: W.W. Norton, 2000).
15. H. B. Tan y J. Forgas. «When Happiness Makes Us Selfish, But Sadness Makes Us Fair: Affective Influences on Interpersonal Strategies in the Dictator Game», *Journal of Experimental Social Psychology* 46, n.º 3 (mayo de 2010): 571-576.
16. I. B. Mauss. «The Pursuit of Happiness Can Be Lonely», *Emotion* 12, n.º 5 (2012): 908–912.
17. Ledford. «Happiness and Productivity Revisited», *Journal of Organizational Behavior* 20, n.º 1 (enero de 1999): 25-30.

Adaptado del contenido publicado en hbr.org
el 21 de julio de 2015 (producto #H027TW).

7

La reacción contra la felicidad

Alison Beard

Nada me deprime más que leer sobre la felicidad. La razón es que hay demasiados consejos sobre cómo alcanzarla. Lo dice Frédéric Lenoir en su libro *Happiness: A Philosopher's Guide*: los grandes pensadores llevan discutiendo este tema hace más de dos mil años. Pero siguen sin ponerse de acuerdo. Basta revisar los 14.700 títulos que aparecen en el subgénero «felicidad» dentro de los libros de autoayuda en Amazon, o ver las 55 charlas TED (Tecnología, Entretenimiento, Diseño) etiquetadas en la misma categoría. ¿Qué nos hace felices? La salud, el dinero, las relaciones sociales, el sentido, el «flujo», la generosidad, la gratitud, la paz interior, el pensamiento positivo... la investigación muestra que cualquiera (¿o todas?) las respuestas anteriores son correctas. Los científicos sociales nos dicen que incluso los trucos más simples (contar nuestros buenos momentos, meditar diez minutos cada día, obligarse a sonreír) pueden forzar un estado mental más feliz.

Sin embargo, para mí y para muchos otros, la felicidad sigue siendo escurridiza. Por supuesto, algunas veces me siento feliz y contenta (leyendo un cuento a mis hijos antes de dormir, entrevistando a alguien a quien admiro mucho, acabando un texto importante). Pero, a pesar de tener buena salud, una familia y amigos que me apoyan, y un trabajo estimulante y flexible, a menudo me veo imbuida de emociones negativas: preocupación, frustración, ira, decepción, culpa, envidia, arrepentimiento. Mi estado habitual es la insatisfacción.

El enorme y creciente número de libros que hablan sobre la felicidad prometen liberarme de esos sentimientos. No obstante, su efecto es más parecido al que siento cuando alguien me pisotea estando baja de moral. Sé que debería ser feliz. Sé que tengo buenas razones para serlo y que estoy mejor que la mayoría de la gente. Sé que las personas felices son más exitosas. Sé que unos pocos ejercicios mentales me ayudarían. Sin embargo, cuando me siento con un estado de ánimo bajo, es difícil revertirlo. Y, lo admito, una pequeña parte de mí atribuye esa falta de dicha no a un estado negativo e improductivo, sino a una realidad altamente provechosa. No consigo imaginarme siempre feliz; y sospecho bastante de quienes aseguran sentirse así todo el tiempo.

Acepté escribir este texto porque en los últimos años he comprobado que cada vez hay más gente que apoya este particular punto de vista. Tras la publicación en 2009 del libro de Barbara Ehrenreich, *Bright-Sided*, sobre la implacable promoción del pensamiento positivo y sus efectos destructivos, se publicó el año pasado *Rethinking Positive Thinking*, de la profesora de psicología de la Universidad de Nueva York Gabriele Oettingen, y *The Upside of Your Dark Side*, de dos expertos en psicología positiva, Todd Kashdan y Robert Biswas-Diener. Este año salió a la luz un extraordinario artículo de Matthew Huston en *Psicology Today* titulado «Beyond Happiness: The Upside of Feeling Down»; *The Upside of Stress*, de Kelly McGonigal, de la Universidad de Standford, *Beyond Happiness*, del historiador y comentarista británico Anthony Seldon, y *The Happiness Industry: How the Government and Big Business Sold Us Well-Being*, de otro británico, William Davies, profesor de política en la facultad Goldsmiths, de la Universidad de Londres.

¿Estamos siendo testigos de una reacción negativa contra la felicidad? Algo así está ocurriendo. La mayoría de estas publicaciones recientes claman contra nuestra obsesión actual por sentirnos felices y pensar positivamente. Oettingen habla de la importancia de moderar las artificiosas fantasías mediante un análisis sereno de los obstáculos que uno va encontrando en la vida. El libro de Kashdan y Biswas-Diener y el artículo de Hutson enumeran los beneficios que pueden reportarnos las emociones negativas que he citado antes; en su conjunto, esos sentimientos nos incitan a mejorar nuestras circunstancias y nuestro desarrollo personal. La psicóloga de Harvard, Susan David, coautora del artículo publicado en HBR «Emotional Agility», escribe con gran lucidez sobre este tema.

McGonigal muestra cómo, al enfocar un estado de infelicidad (estrés) desde una perspectiva más amable, podemos convertirlo en algo que mejore nuestra salud, en lugar de empeorarla. Quienes aceptan el estrés como un proceso natural del organismo en respuesta a los desafíos son más resilientes y viven más que los que tratan de combatirlo.

Seldon describe su propio progreso hacia el placer desde la búsqueda de esfuerzos más significativos que le proporcionen (como deberían proporcionarnos a nosotros) alegría. Lamentablemente, frivoliza sus consejos al pretender alfabetizarlos: Aceptarse a uno mismo; tener un buen Carácter; Disciplina, Empatía, Foco, Generosidad; usar la Indagación; aceptar el Karma; abrazar la Liturgia y la Meditación; Pertenecer a un grupo; Salud; y embarcarse en un Viaje interior (uno acaba preguntándose qué usará en la X y la Z en la próxima edición).

Davies aborda el problema desde un ángulo diferente. Está harto de los intentos de las empresas para aprovecharse de algo que no es más que un «proceso dentro de nuestros cerebros» (*grey mushy*). En su opinión, hay algo siniestro en la forma en que los publicitarios, los directores de recursos humanos, los gobiernos y las compañías farmacéuticas miden, manipulan y acaban haciendo dinero aprovechándose de nuestro insaciable deseo de ser felices.

Pero ninguno de esos autores argumenta en contra de las personas que legítimamente desean tener una vida feliz. Llamamos a eso la búsqueda de la felicidad, pero lo que realmente queremos decir es «satisfacción a largo plazo». Martin Seligman, el padre de la psicología positiva, lo denomina «florecimiento» y dijo hace años que la emoción positiva (es decir, ser feliz) es solo uno de los cinco elementos que intervienen en nuestra plenitud, junto con el compromiso, las relaciones, el sentido y el éxito. Utilizando el lenguaje que Arianna

Huffington emplea en su libro, habríamos de «progresar», y Lenoir, cuya historia de la filosofía de la felicidad es la más reveladora y entretenida de todas, lo describe simplemente como «amor a la vida». ¿Quién puede cuestionar alguna de estas cosas?

En lo que se equivocan la mayoría de los gurús de la felicidad es en insistir en que la felicidad diaria, si no la felicidad constante, es una forma de lograr la satisfacción a largo plazo. Para algunos optimistas del vaso medio lleno, eso puede ser verdad. Pueden «tropezar» con la felicidad de la forma que el más importante investigador de este campo, Dan Gilbert, sugiere; o ganar «la ventaja de la felicidad» de la que habla el profesor reconvertido en consultor Shawn Achor; o «transmitir la felicidad», como Michelle Gielan, la esposa y socia de Achor en la firma GoodThink, recomienda en su nuevo libro. Como ya he comentado, parece que solo hace falta conocer algunos trucos.

Pero, para el resto de los humanos, tanta alegría parece forzada, así que es improbable que puedan

ayudarnos a construir mejores relaciones o una carrera perfecta. Ciertamente, no es algo que puedan
conseguir quienes nos contratan u otras personas ex-
ternas. Buscamos la satisfacción de formas distintas,
sin leer libros de autoayuda. Y sospecho que tarde o
temprano lo conseguiremos, e incluso tal vez seamos
felices.

ALISON BEARD es editora sénior en *Harvard Business Review*.

Reproducido de *Harvard Business Review*,
julio-agosto de 2015.

Índice

Serie Inteligencia Emocional
Harvard Business Review

Esta colección ofrece una serie de textos cuidadosamente seleccionados sobre los aspectos humanos de la vida laboral y profesional. Mediante investigaciones contrastadas, cada libro muestra cómo las emociones influyen en nuestra vida laboral y proporciona consejos prácticos para gestionar equipos humanos y situaciones conflictivas. Estas lecturas, estimulantes y prácticas, ayudan a conseguir el bienestar emocional en el trabajo.

Con la garantía de **Harvard Business Review**

Participan investigadores de la talla de
Daniel Goleman, Annie McKee y **Dan Gilbert**, entre otros

Disponibles también en formato **e-book**

Solicita más información en revertemanagement@reverte.com

www.reverte.com

@revertemanagement

Guías Harvard Business Review

En las **Guías HBR** encontrarás una gran cantidad de consejos prácticos y sencillos de expertos en la materia, además de ejemplos para que te sea muy fácil ponerlos en práctica. Estas guías realizadas por el sello editorial más fiable del mundo de los negocios, te ofrecen una solución inteligente para enfrentarte a los desafíos laborales más importantes.

Monografías

Michael D Watkins es profesor de Liderazgo y Cambio Organizacional. En los últimos 20 años ha acompañado a líderes de organizaciones en su transición a nuevos cargos. Su libro, **Los primeros 90 días**, con más de 1.500.000 de ejemplares vendidos en todo el mundo y traducido a 27 idiomas, se ha convertido en la publicación de referencia para los profesionales en procesos de transición y cambio.

Las empresas del siglo XXI necesitan un nuevo tipo de líder para enfrentarse a los enormes desafíos que presenta el mundo actual, cada vez más complejo y cambiante.

Este libro presenta una estrategia progresiva que todo aquel con alto potencial necesita para maximizar su talento en cualquier empresa.

Publicado por primera vez en 1987 **El desafío de liderazgo** es el manual de referencia para un liderazgo eficaz, basado en la investigación y escrito por **Kouzes** y **Posner**, las principales autoridades en este campo.

Esta sexta edición se presenta del todo actualizada y con incorporación de nuevos contenidos.

¿Por qué algunas personas son más exitosas que otras? El 95% de todo lo que piensas, sientes, haces y logras es resultado del hábito. Simplificando y organizando las ideas, **Brian Tracy** ha escrito magistralmente un libro de obligada lectura sobre hábitos que asegura completamente el éxito personal.

Crear un equipo y un entorno donde la gente pueda desarrollar bien su trabajo es el mayor reto de un líder, a quien también se le exige que mejore el rendimiento de su equipo a través de un liderazgo innovador. **La Mente del Líder** ofrece importantes reflexiones y puntos de vista que nos muestran el camino a seguir para que todo esto suceda.

Enfrentar el cambio radical que provocará la IA puede resultar paralizante. **Máquinas predictivas** muestra cómo las herramientas básicas de la economía nos dan nuevas pistas sobre lo que supondrá la revolución de la IA, ofreciendo una base para la acción de los directores generales, gerentes, políticos, inversores y empresarios

Nuestra atención nunca ha estado tan sobrecargada como lo está en la actualidad. Nuestros cerebros se esfuerzan para realizar múltiples tareas a la vez, mientras ocupamos cada momento de nuestras vidas hasta el límite con distracciones sin sentido.

Hyperfocus es una guía práctica para manejar tu atención: el recurso más poderoso que tienes para hacer las cosas, ser más creativo y vivir una vida con sentido.

Make Time es un manifiesto encantador, una guía amigable que nos ayudará a encontrar la concentración y la energía en nuestro día a día.

Se trata de dedicar tiempo a lo realmente importante fomentando nuevos hábitos y replanteando los valores adquiridos fruto de la actividad frenética y de la distracción.

La obra de **Aaron Dignan** es una lectura obligada para todos aquellos interesados por las nuevas formas de trabajo. Un libro del todo transgresor que nos explica exactamente cómo reinventar nuestra forma de trabajar, dejando atrás los clásicos sistemas jerárquicos verticales, y potenciando la autonomía, la confianza y la transparencia. Una alternativa totalmente revolucionaria que ya está siendo utilizada por las startups más exitosas del mundo.

También disponibles
en formato e-book

**Solicita más información en
revertemanagement@reverte.com
www.reverte.com**